情绪健康
与九型智慧

Working with Emotional Health and the Enneagram

情绪健康
与九型智慧

Working with Emotional Health and the Enneagram

Malcolm Lazenby
& Gayle Hardie

MONTEREY PRESS

首次出版于2019年
出版社：Monterey Press
网址：www.montereypress.com

中文版出版于2020年

版权所属 © Malcolm Lazenby 和 Gayle Hardie，2019，2020

联系作者：leaders@globalleadershipfoundation.com
网址：www.globalleadershipfoundation.com

版权所有，仿冒必究。未经出版者及版权拥有人事先书面许可，不得复制、储存于检索系统或以其他任何方式（包括但不限于电子、机械、影印、录音等）传播本书的任何部分。

Malcolm Lazenby 和 Gayle Hardie 拥有维护自己作为本书作者的道德权力。

封面艺术作品创作者：Patrice Muthaymiles Mahoney
插图创作者：Devon Bunce
中文翻译者：Yupeng Qiu
中文审校者：Dong Niu

A catalogue record for this book is available from the National Library of Australia

ISBN: 978-0-6481163-9-4
(英文版刊号：978-0-6481163-6-3)

感谢⋯

感谢仇宇鹏，启发我们将以往与客户共创的最佳实践书写成文字，便于每个人阅读和运用；

感谢 Devon Bunce，用她惊人的诠释力和创意非凡的插画为本书赋予了生命力；

感谢 Patrice Muthaymiles Mahoney，感谢她对国家和人民的无私奉献，对艺术创作的忘我投入，以及对我们的真诚关爱，感谢她回购了自己的这幅艺术作品赠予我们作为本书的封面；

还要感谢 David Brewster，把我们用知识和实践结晶的文字，变成您手中的这本书。

目录

前言   1

第一部分：了解情绪健康   5

个体的纵向发展和横向发展   9
    纵向发展   10

线上/线下   13
    内在观察者   17
    自我中心程度   20
    行为自由程度   22

智慧中心   23
    三个智慧中心   24
    全人思考与"临在"   28

情绪健康   31
    人们情绪健康提升的表现   32

情绪健康层级   35
    情绪健康层级的幅度   35
    不同健康层级在实际中的表现   38
       处在"某个层级"意味着什么   40
    每个情绪健康层级的总结性描述   40
    领导力与情绪健康   45

第二部分：九型智慧与情绪健康   47

关于九型智慧   49
    九型与三个中心智慧   53
    情绪健康的光影连续体   54
    每个型号的天赋、基本恐惧和应对机制   55

测测你的九型类型   57

每种九型类型与其主导的智慧中心	59
"腹"中心：第八型、第九型和第一型	60
第八型：从赋能授权到高度控制	61
第九型：从接纳包容到逃避拒绝	66
第一型：从理想主义到吹毛求疵	70
"心"中心：第二型、第三型和第四型	74
第二型：从深度关怀到令人窒息	75
第三型：从成就导向到投机主义	78
第四型：从充满创意到自我抑制	84
"脑"中心：第五型、第六型和第七型	88
第五型：从充满智慧到自我隔离	89
第六型：从深思熟虑到违背自我	92
第七型：从富有远见到焦点分散	98

从其它视角理解九型	103
霍尼群组（社交风格）：追求基本需求的满足	103
和谐群组：当我们的基本需求不被满足的时候	107
类型的动态变化：压力点位与安全点位	111
"压力点位"	112
"安全点位"	113
通过压力点位了解自己的九型类型	115
不同的本能习性	117
本能习性与情绪健康	119
如何应对变化	121

第三部分：提升情绪健康的路径   131

心理成长打破卡住自己的模式	137
第八型心理成长指南	139
第九型心理成长指南	143
第一型心理成长指南	147
第二型心理成长指南	151
第三型心理成长指南	155
第四型心理成长指南	159
第五型心理成长指南	163
第六型心理成长指南	167
第七型心理成长指南	171

脑心腹三个中心的不平衡运作   **175**
   "进攻组"：第八型、第七型和第三型   178
       进攻组的发展活动：联结心（感受）中心   183
   "退缩组"：第四型、第五型和第九型   185
       退缩组的发展活动：联结腹（行动）中心   190
   "责任组"：第一型，第二型和第六型   192
       责任组的发展活动：联结脑（思维）中心   196

身体发展的路径   **199**
   打破卡住自己的模式   200
   "全人思考"   201
   拥有明确的发心   204
   适合每种九型类型的具体身体实践建议   208
       第八型的身体发展指南   209
       第九型的身体发展指南   211
       第一型的身体发展指南   213
       第二型的身体发展指南   215
       第三型的身体发展指南   217
       第四型的身体发展指南   219
       第五型的身体发展指南   221
       第六型的身体发展指南   223
       第七型的身体发展指南   225

后记   **227**
参考文献和扩展阅读   229
作者介绍   231
关于封面   237

前言

很长时间以来,提升情绪健康层级都是我们一起工作的核心之核心。从2003年创立 Global Leadership Foundation 至今,我们初心从未改变——"提升全球的情绪健康层级"。

我们在商业环境帮助各方提升情绪健康层级将近20年,服务过的客户包括但不限于私营企业、国营企业、非营利组织和各种社会群体。一直以来,我们主要通过发展领导者进而促进他们所在组织的转型变革和升级。关于情绪健康如何应用于领导力开发,详细描述在《情绪健康的领导者》一书中。该书发布于2013年,是我们情绪健康系列丛书的第一本。

我们两人也有丰富的运用九型人格的经验。九型人格可以帮助个人了解自己的心智模式:不管是觉察行为应激反应的促发器,还是理解行为底层的内在动机,九型人格都提供了非常有效的模型和路径。

实践中我们通过以下的方法保证效果:首先让人们关注到"垂直发展",即情绪健康层级;然后将九型人格用作人们深入了解自我的工具。了解自我的内在究竟发生了什么是提升情绪健康层级的一个关键要素。

在我们和客户的实践经历中，我们不断在寻求更有效的发展手段。在提升情绪健康层级和运用九型人格方面，我们也在持续迭代并完善所运用的方法和途径。

动笔写这本书时，我们有三层发心：

其一，希望给大家介绍在提升情绪健康方面九型人格可以起到的巨大作用。在分享心得体会时，我们会从情绪健康的视角去理解九型人格的不同元素和面向，并向大家清晰展示如何将它们运用在实践中——这些都未曾在过往书籍中出版过。

其二，也是应这些年来我们的同事和伙伴们的请求，我们想将如何提升情绪健康层级的知识和实践分享给更广泛的受众，因为提升情绪健康与每一个人都息息相关。

其三，我们想要提供给大众一系列切实可行的自我探索和自我成长的工具。无论之前是否接触过自我探索与成长方面的内容，我们真诚希望每一位读者都能够在书中得到想要的信息，尤其是可以按照第三部分提供的发展指引开启自己的成长提升之路。

本书第一部分向大家介绍了我们在分享和实践中会使用的一些关键概念，其中包括我们的情绪健康层级模型——这为我们后续内容的展开奠定了基础。本书第二部分聚焦在阐明九型人格和情绪健康层级模型的关系，旨在帮助大家更深入了解自己九型人格的基本类型以及自己当前的

前言

情绪健康水平。本书第三部分提供了支持大家持续成长的指引,帮助大家在通过书的前两部分内容深入了解自己之后,开启属于自己的情绪健康提升之旅。

Malcolm and Gayle

第一部分:
了解情绪健康

情绪健康是一个既简单又复杂的概念。简单在只要你理解了其中的主要原则,就能够即刻将这些原则运用在自己认知世界以及与世界互动的方式上。而它很复杂又在于情绪健康分成很多的次第,总有更多的东西需要学习。完全了悟情绪健康是一条学无止境(但非常令人愉悦)的旅途,哪怕像我们一样运用情绪健康已经很久的人们,也依然在路上愉悦地学习着。

或许你曾接触过"Emotional Intelligence 情商(英文也用EQ或EI来代称)"的概念。情商是关于如何识别并管理自我和他人的情绪,它是情绪健康当中很重要且有关联的一个"子集",而情绪健康还包含智商和其他较少为人知的"智慧或商(Intelligence)",包括:身体智慧、心的智慧、社交商以及灵商。

情绪健康"涵纳"所有这些概念,它更深入地探索了我们每一个人究竟如何与他人和世界关联、互动并产生影响。情绪健康是一种通过高度正知的选择和充满正念的行动创造出的强化的内在幸福感。

个体的纵向发展和横向发展

我们很多人都有参加人才发展或者领导力提升工作坊的经历。工作坊结束，人们带着满满的"被赋能"或"被激发"离开了培训现场。关于冲突管理、高效会议管理或时间管理，我们记了满满一本的笔记和启发；回家的路上，我们脑袋里还萦绕着各种想去落地实践的可能性。

不幸的是，大部分的内容老老实实得躺在笔记本里，再也没有被翻开过；而我们则回到了"惯常"工作与生活中，早在不知不觉间，工作坊上学到的知识、得到的启发已消逝得无影无踪。

这当中浮现的问题是：大多数人才发展和领导力提升工作坊的目标聚焦在知识和技能的提升，诸如冲突管理、高效会议引导和项目优先级管理等等。虽然这些知识和技能很有价值，但仅仅提升知识和技能是远远不够的。

一般来说，基于技能提升的培训（也称为"横向发展"）并没有把"人"这个因素考虑进来。培训实施者假设参加培训的人都拥有相应的能力、心智以及适当的环境去实践落地这些技能。同时，他们未能考虑到学员并不是一个人孤立就能完成工作：学员若想做出任何改变，都需要有其他人

图1：横向发展

的参与和配合；学员的改变会给周围的人带来影响，学员的改变也会受到他们周围其他变化的影响。

纵向发展

虽然个体的"横向发展"确实很必要，但近年来，人们越来越多发现并肯定了个体的"纵向发展"也同等必要。

"纵向发展"把每一个发展对象当作一个"人"，一个会与他人和外界产生互动的"人"。"纵向发展"旨在培养人们看见并放下思维和认知局限的能力，以及如何更加真诚并真实地与他人及世界关联和互动的能力。简言之，它在培养人们开启自我觉察，不断通过自我探询和成长进而成为"更加良善、更高效能、更加完整的人"。

第一部分：了解情绪健康

面对不同的关系和处境，我们每个人都有自己的视角局限和防御机制。这些视角局限和防御机制的存在是为了让我们感受到安全舒适，但另一方面，也正是它们的存在让我们卡在当前的境遇里无法突破。当我们把"安全和舒适"底层的恐惧和焦虑真正释放了，我们看世界的角度、面对不同情境升起的感受以及应对困境的方式全部都会发生变化。

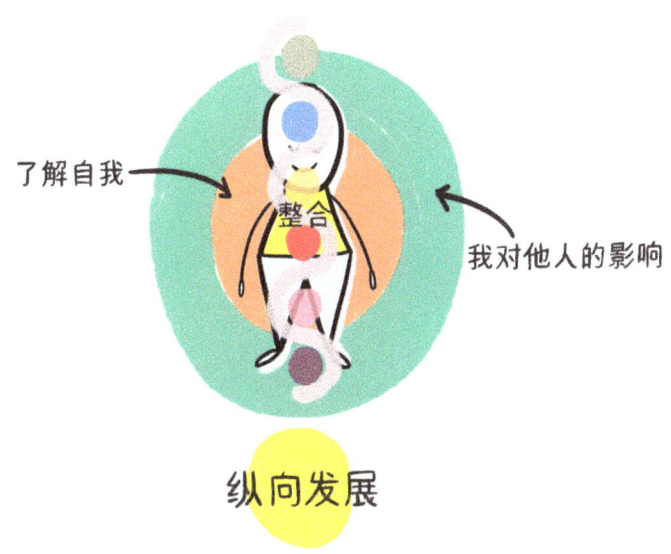

图2：纵向发展

个体的垂直发展是提升情绪健康的关键,也是本书旨在传递的核心内容。本书不是在教授你一系列新技能,而是在帮助你更好地了解并欣赏自己,更好地了解并发现你对他人、对世界究竟拥有怎样的影响力。

线上/线下

在我们定义情绪健康和情绪健康层级究竟是什么之前，有两个重要的模型需要先介绍给大家。第一个模型叫做"线上/线下"，这个模型与人们在面对不同情境会作何回应有关，我们用这个模型帮助学员看见他们对自己的回应方式是否有所觉察。

想象一下，此刻你正高兴地开着车在路上飞驰，忽然不知哪里冒出一辆车子非常危险地插到了你的前面。为了避免事故，你紧忙踩下刹车。问题来了，接下来你会怎么做呢？你会像大多数人一样做出"素质三连"么？狂按喇叭，国骂问候，然后打亮大灯，你中了哪一种？还是三种全中？

这些都是人们在日常生活里很典型的反应，我们称之"自动化反应"。这些明明都是"不好"的行为表现，但那一刻我们却没有意识去思考对与错，我们就这么做了。这样的反应大多是非理性的、防御性的，并且当中常常充斥着指责、防卫、否认和找借口的意味。可在那一刻，我们是完全意识不到自己原来是在指责、防卫、否认或是找借口的。

现在请回忆或者设想一下，你要跟自己不太处得来的一位上级经理做一次绩效面谈。开始谈话的时候你的心态够开放么？你有没有一开始就进入防卫状态？你是否早早就已经在为自己辩护/辩解，完全不顾经理究竟说了些什么？我们大多数人都或多或少经历过类似的情况。在那个当下，我们其实很难觉察到自己的应对方式不够开放；如果重来一次，我们或许会后知后觉，但也有可能依旧毫无觉知。

路怒也好，对抗经理也罢，两个情境其实十分相似。虽然在工作场景我们没能狂按喇叭，但当被挑战和批判时，人们的自动化反应就是防卫、否认、指责和辩解。

不管在车里还是在办公室，当你回头去反思时很可能会发觉：其实自己的行为根本没有必要，也完全没意义，这不是自己在那个当下最佳的选择。但你可能又不禁会想，如果再来一次，自己真得能够"悬崖勒马，改过自新"吗？毕竟，这叫"自动化反应"，如果那么容易改，也不会叫"自动化"了，不是吗？更何况自己只是个普通人，面对类似的处境会有这样的反应不也很正常吗？

真相是：我们面对这样的情境是完全可能改变我们的应对方式的，只是真正做到需要我们持续不断的对自我做功课。首先，我们要搞清楚，那个当下究竟发生了什么。

在工作坊里，我们会画一条线，教大家一个叫"选择之线"的工具。线下是面对有压力的情境时错误的自动化反应（通常是否定、指责、评判和防卫）；线上是用更高情绪健康的方式思考并给出有建设性的回应。当我们在线上时，

第一部分：了解情绪健康

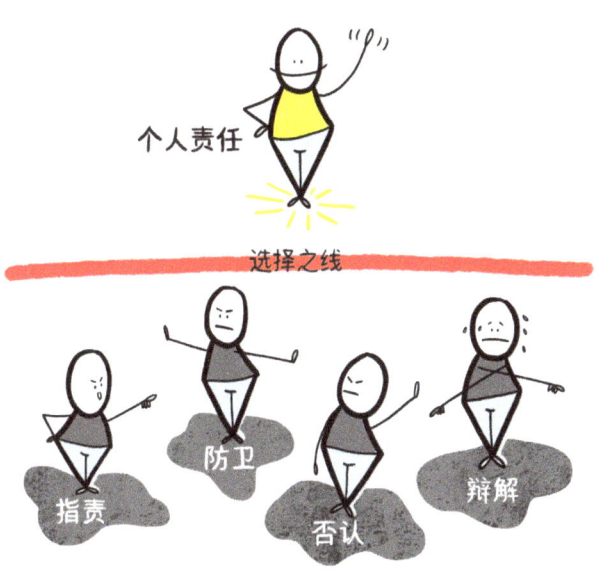

图3：选择之线

我们是对自己负责任的——不仅对这个情境的发生负责，也对自己在此情境下做出的回应负责。

请注意我们给工具起的名字——"选择之线"。不管"在线上"还是"在线下"，最终我们都做出了个人的选择，虽然在按喇叭或开始找借口的时候，我们很有可能并不觉得是自己做了选择（更像是"这么做明明是因为我没得选啊？"）

做出线上的选择意味着人们要有清楚的头脑对当前情境做出考量过的、有建设性的回应。在日常的情境中，为了能很快就做出线上的决定而不是后知后觉甚至不知不觉，我们尤其需要训练和实践。美国的心理治疗师兼作家Tara Bennet-

15

Goleman把做选择称为"神奇的四分之一秒"——从大脑了解当下情境发生了什么到身体对情境做出反应的时间。

关于做出线上的选择，通常我们都在生活中得到过一些训练和实践。随着我们年龄逐渐变大，比起小时候，我们都应该学会了更多去承担自己的责任。可从实际表现来看，我们绝大多数人（即便成年人）也只是能够在一部分时间对自己的行为和反应真正负责任；而其他时候，比如开车突然遇到车辆夹塞的时候，我们很轻易就会掉到"线下"。

对我们很多人来说，有时候掉在线下变得防卫、指责、评判和辩解其实很平常。真正的挑战在于我们是否能越来越多地觉察到自己在线下的自动化反应，并且随着这样的觉察越来越多，还能够经常用更加情绪健康的方式去回应——也就是说，要能增加自己"在线上"的时间和频次。持续"在线上"需要我们有很高的自我觉知力，不仅要对自己有觉知，还要对环境和关系里的对方保持觉知——这就必须要讲到个人纵向发展的另一个关键词"内在观察者"。

第一部分：了解情绪健康

内在观察者

想象你在参加一个工作面试，面试官让你回答一个问题。根据过往经验，你知道面试官不仅对答案感兴趣，对你回答问题的过程表现也同样感兴趣。因此，如果你意识到这一点——启动了你的"内在观察者"——那么你将会：

- 关注面试官的非言语暗示，然后有的放矢地回应以强化你的形象。例如，你有在微笑、点头、蹙眉或者给到一个直视的目光么？你展现的样子够积极么？

- 关注你自己的肢体语言并探索这些对你的影响。你坐得舒服么？你需要调整姿势么？要加强眼神交流和微笑吗？你会注意到身体的一些感觉么，比如嗓子发干、脖子或胸部发热、手或脚颤抖么？这些感知在提醒你要如何调整，你Get到了么？

- 从面试官的非言语暗示中，你有得出要回答的这一题和前面问到的问题有什么关联么？

用 Ron Heifetz 书中的一个类比也可以用来帮助了解内在观察者究竟是什么。Ron Heifetz 在其与 Marty Linsky 合著的书籍《线上领导力》中设想了一个从二层露台俯瞰一层舞池的画面，他利用这个画面来告诫领导者们如何才能引领变革。概括来说，领导者既要能"站在露台上""从更大格局"看见当下发生了什么，但同时，他们也需要进入舞池舞动才能真正影响到变革。

图4：内在观察者

同一时刻既能在其中体验，又能在外部观察——这就意味着，你的"内在观察者"已经启动了。在内在观察者的视角里，你不仅能看见当下的发生和自己的举动，同时对于自己的起心动念以及你会给周围带来的影响也都了然分明。

连接自己的内在观察者让你有机会在"当下"有觉知地选择，然后做出最佳的回应。这时的你会发现自己更富建设性、平静、放松、有联结感且感到安全。当然，你对自己当下的内在状态也更有觉察。

除非你能够启用内在观察者去"觉察"自己现在的行为和互动是怎样运作的，否则改变自己的行为以及与他人的互动方式是极其困难的。情绪健康的人们对自我有充分的觉察——包括自己的思想、情绪和行为——也包括自己对他人和外界的影响。他们能够从所做的选择以及采取的行动中，了

第一部分：了解情绪健康

解并克服自己经受的各种影响和制约（无论是源自外界的，还是源自他们自己的）。

他们之所以能够做到这些，是因为他们能够随时"打开"内在观察者的开关。借助讲到的"选择之线"这个工具来阐释，打开内在观察者的开关就是能够在你所处的境遇中做出"线上的回应"，而不是倒过来让自己的自动化反应去掌控自己的行为；你对自己的回应充分承担自己的责任，而不是应激反应式地去指责、评判、辩解和防卫。

你可以通过练习来增强自己的内在观察者。对情境做出反应之前，刻意地留出时间，带着觉知去决定你要做何选择。随着练习越来越多，你也越容易觉知到自己的情绪如何随着当下的发生在变化（"当知当觉"），而不是事后才能后知后觉。你会发现你可以在前面提到的"神奇的四分之一秒"中"抓住"自己的起心动念。长此以往，你越来越能够在做出行动之前就"先知先觉"，而不再是自动化反应。

要怎样检验练习的效果呢？当你在拥挤的交通中再次遇到夹塞，你不再狂按喇叭而是能顺其自然淡定应对——能做到这一点，意味着你的内在观察者正在起作用，意味着你对于自己的回应会对当下的环境造成哪些影响承担了责任。

不管是提升自己看见更多选择的能力，还是希望始终能够清楚评估不同做法中哪种能带来更好的效果，建立并增强你的内在观察者都是先决条件。随着时间的推移，你会发现自己总能做出更好的选择；与此同时，你的情绪健康水平也不断地提升。对于提升情绪健康水平这个话题，后面我们会讨论得越来越多。

自我中心程度

前面在区别"线上与线下"的不同时，我们提到了线上是"承担个人责任"，线下是"应激反应式地指责、防卫、否定和辩解"。

另外一个区别"线上与线下"有什么不同的维度是"自我中心"，更确切地说，是一个人的"自我中心程度"。"自我中心程度"显示了人们为了在所处的环境中生存下来，会尤其关注自己的程度；"自我中心程度"也代表了人们为了让自己感到安全，会运用自己的防御机制到怎样的程度。

一个自我中心程度很高的人在面对有压力的情境时，往往会指责、防卫、否认和辩解。他们在狂按汽车喇叭的同时，还会本能地指责这名夹塞的司机，把他的夹塞行为当作是对自己的侮辱。相比之下，自我中心程度较低的人在生活中很快就能站在他人的视角并考虑他人所处的状态。他们更容易抱持"良善"的信念，他们为自己对他人的影响承担个人责任，他们会把自己视为更广泛群体的一部分。即使他们按下汽车喇叭做出了自动化反应，他们的内在观察者也很快就会让他们对这样的行为感到内疚。经过片刻的思考，他们会选择相信另一个司机也许有自己不得已的原因，否则不会在此疾速下转换车道；他们也会承认，如果遇到同样的情况，自己很可能也会这么做。

第一部分：了解情绪健康

在我们的理念中，我们把"自我中心"视为一个连续体。每一个人都不会是完全的自我为中心，或是完全没有自我中心。每个人的自我中心都有一个程度，我们的情绪健康越高，我们的自我中心程度就会越低。

行为自由程度

当我们的自我中心的程度降低时，我们的"行为自由程度"就会增加，不管面对怎样的情境，我们都能对自己的行为做出更加有觉知的选择。"行为自由程度"可能看起来是一个相对简单的概念，但对于理解情绪健康来说它非常重要。

稍早些，我们在书里提到了"神奇的四分之一秒"，即从我们的大脑介入某种情境到我们的身体对情境做出反应之间的这段时间。行为自由程度高的人很容易运用这四分之一秒的优势。他们的内在观察者会帮助他们在自动化反应发生之前"抓到"它，并且选择如何更好地回应——他们拥有做出线上选择的能力。相比之下，行为自由程度较低的人没有这种"控制权"——他没有选择的自由。他们会自动化反应，然后掉到线下。

随着行为自由程度的增加，我们有能力将关注的焦点从自己身上转移到其他人以及更广泛的社会利益上。从这我们会发现，一个人的行为自由程度和他的自我中心程度往往是紧密相连的：一个上升，另一个就会下降。

智慧中心

第二个对理解情绪健康来说很重要的模型，我们称之为"中心智慧"，或者"三个智慧中心"。

如果有人问你，你用什么在"思考"？可能你会奇怪地看着他们，然后回答"当然是我的大脑呀"。有趣的是，事实并不止这么简单。确切来说，当我们高效思考时，不仅是大脑，我们是在用整个身体在思考（全人思考）。

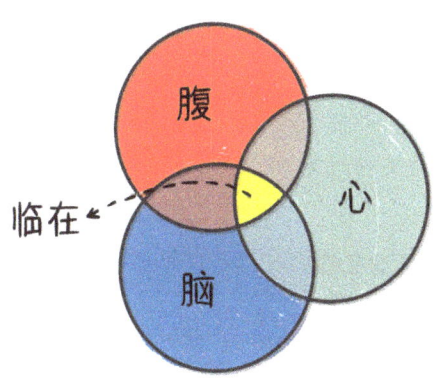

图5：三个智慧中心

三个智慧中心

古老的东方哲学告诉我们,清晰、高效的思考源自于平衡运用我们所说的"三个智慧中心",即身体(腹智慧中心),心灵(心智慧中心)和头脑(脑智慧中心)(见图5)。这个概念也得到了现代神经科学的验证与支持,可以参见Grant Soosalu 和 Marvin Oka 的著作以及 Antonio Dimasio 的著作。

试着用非常简短的语言来描述三个智慧中心:

- 当我们运用"身体中心"时,"身体的思考"基于我们在所处环境中的感知和体验,也就是我们的"本能(Instinct)"——在西方也被称为"胆识(我就是要这么做,没有为什么)"。身体中心我们也叫它"腹中心"或"行动中心"。

- 当我们运用"心中心智慧"时,"心的思考"基于我们在与他人的关系联结中产生的感受,也就是我们的"直觉(Intuition)"。我们也称"心中心"为"感受中心"。

- 当我们运用"脑中心智慧"时,"脑的思考"基于客观地的认知、知识、推理及质疑,也就是我们的"洞见(Insight)"。我们也称"脑中心"为"思维中心"。

你可能会说,本能、直觉和洞见好像没什么差别。确实,有些英文字典也把本能和直觉列为同义词,但我们希望你可以先留在我们的语境里。从整体上看,这三个智慧中心之间于精微处是很不同的,这种精微尤其体现在它们的内核上——跟随我们继续探索,这精微会变得越来越清晰。

第一部分：了解情绪健康

图6：腹，心，脑

为了阐释清楚其中的差别，我们来看几个例子。

身体中心的"本能"，是一种身体层面的直觉，身体感知到我们需要做什么。源于下腹部（"丹田"）的这种感知，我们很难视而不见。很多领导者告诉我们，他们做决策时最重要的一个决策依据就来自于这种感知，并且这种感知从来都不出错。我们最近服务了一位领导者，他花了很多精力来分析某个情况，并且想要基于分析的结果做出最后的决策。然而，他刚基于分析结果做完决策，立刻就知道自己这个决策不对。他身体中心的本能那一刻告诉他，他需要做的还有很多。

心中心的"直觉"与我们在人际和关系互动中的感受密切相关。就像平常我们的亲人会说他们一切都好，但我们却会感觉到他们事实上并不好。这种感觉可能会促使我们小心地去再询问和关心几句，到最后我们发现：果不其然，我们心里的感觉完全正确。我们也听过很多这样的故事，有些人突然莫名对远在他乡的亲人心生担心，过后我们会发现，就在那一刻，亲人身上确实发生了不幸或令人担忧的事情。

谈到脑中心，回想过去某次你遇到的一个超级难题。它太难了，百思也不得其解，想不到最终的答案是什么。最后，你索性把难题丢在一旁，开始做些如清洁、园艺、洗碗之类的简单家务换换脑子。在做家务的某个瞬间——"叮！"难题的答案就出现在你的脑海——这就是"洞见"。通过练习，洞见会发生的越来越多，每一个当下我们也能够更加自然地运用"洞见"的能力。

东西方不同的文化用了不同的文字来阐释："思考"不仅仅是由大脑产生的。开始尝试探索用脑心腹不同的智慧去"思考"是非常有益的，不管是观察自己还是观察他人，都会获益匪浅。

每个人本来都有全然运用身体中心、心中心和脑中心这三种智慧的能力。然而，在人格形成的过程中，我们容易变得更倾向使用其中的某一种智慧，并逐渐固化认为我们认知到的世界就应该是世界最真实的样子。我们更愿意相信来自我们擅长的智慧中心的思考，不信任甚至拒绝听到其他两个智慧中心的发声。

每个智慧中心的想法和行为在选择之线的线上与线下会有不同的特征和表现。与之对应，不同的表现与个人情绪健康水平的高与低也息息相关。举例来说，那些惯于运用身体中心智慧的人，在线上时，他们采取行动前会对他人赋能授权、开放包容；而当他们在线下时，则会变得强权且固执。大体上,每个中心在线上时,都会努力去适应环境来满足自己的需求;而在线下时,人们的行动则变得更像应激式反应。

刚开始,你可能很难分辨自己哪一个智慧中心是最强烈的;但随着你对三个智慧中心有了更多的了解,并不断在其他人身上练习区分它们,你就会注意到自己在不同的时间和环境中运用本能、直觉和洞见的程度是不同的。当你真正开始去觉察,结果兴许会让你大吃一惊——"我原来这么熟悉脑、心、腹这三个中心!"

在本书的第二部分,我们将结合九型人格的不同类型更详细地阐释每个智慧中心。你也将能够了解不同智慧中心与九型人格之间有着怎样密切的关联。

全人思考与"临在"

虽然每个人都惯于去运用这三个智慧中心中的某一个，但最佳的思考是进行"全人思考"，即"平衡"三个智慧中心。全人思考整合运用了身体、心灵和头脑，不会偏废其中任何一个。

"全人思考"的状态常常出现在我们全然放松的时刻：当我们沐浴阳光，漫步于森林和沙滩，与孩童玩耍，或在"细嗅蔷薇"等自在的时候，我们很可能在"全人思考"的状态。这好像有违常理，因为人们可能会觉得这时候自己根本算不上在"思考"啊？在运动时也会有这样"全人思考"的状态，运动员称之为"进入状态"。我们所说的"全人思考"的状态还有些人把它叫做"临在"或"心流状态"。

在这个信息爆炸的时代，大多数人几乎不再花时间"活在当下"。相反，越来越多的人把生活过成了像APP程序似的（比如Twitter、Facebook、微信或者微博）：关注源源不断的消息提醒、去年今日在平台上的回忆、各种待办事项、此起彼伏的观点和各种刺激——随着每次刷新，人们脑袋里的思绪不断翻飞，不知不觉时间就过得飞快。当处于这种模式或者感到有压力的时候，大多数人就开始偏向运用自己惯用的单个智慧中心进行思考并做出决策。

举个例子，想象一下你此刻正坐在会议室参加一场工作会议，某个团队成员因为没有完成分配给自己的任务导致团队整体项目停滞不前。大家争论许久到底要怎么办，每个人慢慢都把目光投向了屋里级别最高的领导，希望他来一锤定音。在这种压力环境下，人们都倾向于回到自己惯用的智慧中心做决策。于是这位领导在那一刻可能还没来及多想，直接就用自己最惯用的智慧中心拍板了。如果他惯用的是腹中心的"本能"，不管实情是怎样，也来不及顾及大家和相关方的感受，他会要求大家立刻按他说的去行动。如果他惯用的是心中心的"直觉"，那么他会极尽所能去平衡和照顾好每一个相关者的情绪和感受。又或者，他惯用的是脑中心的"洞见"，于是利用理性分析和客观数据得出一个合乎逻辑的结论。

这三种不同的情境很清晰地描绘出，面对同一个情况，不同的人运用不同的智慧中心会采用截然不同的视角去思考并做出不同的决策。

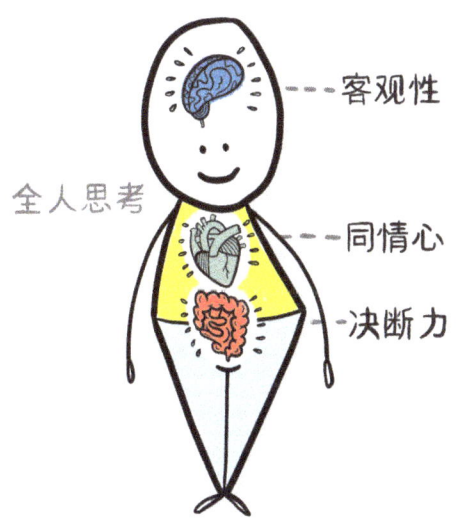

图7：全人思考

然而，如果这位领导拥有更高的情绪健康水平，那么他可能会整合运用全部三个智慧中心，通过"全人思考"对情况做出当机立断、充满共情且富有远见与洞察力的决策。

现实生活中，几乎没有人能达到三个智慧中心的完美平衡，当然，在压力状态下三个智慧中心就更难平衡了。恰恰因为难，所以"全人思考"更加值得大家去努力。高情绪健康的领导者们通常三个中心会更加平衡，而不会仅仅是依赖自己惯用的某一个中心。他们能够启动自己的"内在观察者"，并能够去联结和使用自己最不惯常使用的智慧中心。接下来在书里我们也会继续深入探讨这个部分。

情绪健康

为了更好地理解情绪健康，我们已经为大家介绍了包括"线上/线下"和"三个智慧中心"等不同的概念。现在，让我们正式揭开情绪健康的面纱。

情绪健康是一种拥有很强幸福感的内在状态，其特征是在所处的每一种情境人们都能保持正念，并且做出建设性的、尊重他人的决策和选择——他们有能力做出"线上的选择和回应"。高情绪健康的人会主动承担责任，他们认为如何与他人及世界更好地互动和回应是自己很自然的责任。高情绪健康的人也会很好地运用自己的"内在观察者"，不管是自己的思想、情绪、行为还是他们会给外界带来的影响，他们都有很好的觉察。通过做出"线上的选择"并带着"觉察"去行动，他们能够看见自己究竟会被什么左右和限制（可能源于自身，也可能是外部的），然后努力克服限制。

与之对应，低情绪健康的人面对所处的情境会以自我为中心，直接做出"线下的应激反应"。他们不太可能有更多的回应方式（因为他们的行为自由程度较低，表现为"我没办法"）。不仅如此，低情绪健康的人常常连"后知后觉"也没有，他们压根觉察不到自己在线下，更别提看见自己的应激反应到底给别人造成了多大的情感伤害了。

从智慧中心的角度来看，高情绪健康的人更擅于同时整合运用三个智慧中心，实现"全人思考"。而低情绪健康的人完全做不到"全人思考"，他们只会依靠自己惯用的那个智慧中心。更能做到"全人思考"，也就意味着人们有更高的行为自由程度；人们表现出更高的行为自由程度，也就表明了他们更能够同时整合运用脑、心、腹这三个智慧中心。这使得他们更能够做到赋能授权、接纳包容、理想主义、深切关怀、成就驱动、充满创意、充满智慧、深思熟虑以及富有远见。

人们情绪健康提升的表现

随着不断提升情绪健康，人们能更好地聆听并看见世界上存在的其他观点与视角，他们开始会理解自己的世界观原来建构在哪些假设之上。

随着不断提升情绪健康，他们更加能够领会每每"掉到线下"（压力状态下）自己的惯常反应（应激策略和防御机制）非但帮不到自己，反而还会极大阻碍个人真正的成长。在提升情绪健康的实践里，他们一方面逐渐提升了自己的身体、情感和精神的柔韧性和恢复力；同时另一方面，他们与人互动、引领和激活团队与组织的手段也变得更加开放、多元且富有建设性。

第一部分：了解情绪健康

　　随着"内在观察者"被激活和启用得越来越多，他们也会更多去反思并重新认知自己的行为和反应，找到个人成长可以改善和提升的空间，然后带着觉察一步步有的放矢地改变自己的旧有模式。

情绪健康层级

情绪健康层级的幅度

到目前为止，我们已经大体介绍了高情绪健康与低情绪健康的人们有何不同。

当然，大多数概念只要跟"人"有关系，那区分它们可就不是简单用"高或低"就能界定清楚了。为了量化情绪健康的幅度，我们基于 Don Riso 和 Russ Hudson 的开创性研究成果（他们称之为"发展的九个层级"）发展出了情绪健康层级模型。我们的模型将情绪健康描述为9个层级，从最高的"临在"到最低的"妄想"。模型如图8所示。

在模型中，我们阐释了自我中心程度和行为自由程度与个人情绪健康层级的关系。简单地说，一个人越不以自我为中心，他的行为自由越大，他的情绪健康水平也越高。

从"线上/线下"的角度来看，情绪健康水平更高的人会更多呈现线上的状态。处于情绪健康第3层级的人只会偶尔掉在线下，即使真的掉下来，他们的"内在观察者"通常很快也就会意识到这一点，旋即调整自己的反应重新回到线上；面对自己在线下状态给他人造成的任何一丁点伤害或不适，

情绪健康层级的特性

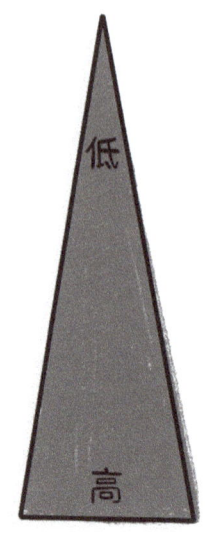
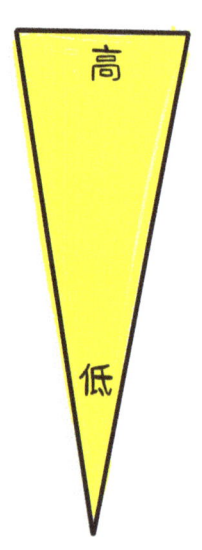

临在
智慧
社会价值
认可
自动化反应
夸大
生存
偏执
妄想

图8：情绪健康层级

他们也很难做到心安理得。相反，那些情绪健康水平较低的人更多时候会表现出线下的样子——对应情绪健康层级模型，我们会把这条选择之线画在第4层级和第5层级之间。

在第5层级及以下，人们的自我中心程度如此之高，行为自由程度如此之低，他们的行为会被线下反应主导——因此，第5层级被称为"自动化反应"。

第一部分：了解情绪健康

情绪健康在第4层级的人能够更多时间保持在线上，通常他们会意识到自己对他人的影响。但是，在第4层级的人依然极易有很强的个人偏好，这会影响他们的行为自由程度。举个例子，团队遇到难题时，他可能会更愿意与团队成员一对一沟通寻找答案，而不是整个团队共创解决方案。

从脑心腹三个智慧中心的角度看，更高情绪健康的人（第3层级及以上）能够同时整合运用所有三个中心，实现"全人思考"。在第4到第6这三个情绪健康的一般层级，人们已经与其中某一个中心失联——本书之后会对"三个中心的不平衡运作"进行更多讲解。现在你只要理解，当处于三中心失衡的状态时，人们无法做到"全人思考"，因而也很难真正做到"临在（活在当下）"。

如果不幸掉到更低的情绪健康层级（第7-第9层级之间），人们还会再与一个智慧中心失联，只剩下自己最惯用、信任并依赖的那一个中心。

不同健康层级在实际中的表现

现实中，处于最高情绪健康（即第1层级）的人几乎没有。处于第1层级的人每时每刻都完全临在于他们所处的环境，全然知悉自己会对环境和他人带来怎样的影响；他们全然开放，脑心腹三个智慧中心完美平衡，并且完全没有自我中心的私欲；他们拥有超然的内在状态——"我即宇宙，宇宙即我"（佛法里所说的证得空性）。任何时候、任何情境，他们都完全能够做出线上"对我们都好"的选择和回应，他们会对所有的发生都承担自己的责任。我们用"临在"来描述第1层级。

作为对比，再来看一下情绪健康最低的人们（第9层级）。他们只关注满足自己的私欲，因为这是他们能够继续生存下去的唯一方式（自我和世界是完全割裂的，"我必须活下去，我必须满足我自己"）。他们连一丁点的"后知后觉"都几乎没有，他们一直在线下指责、防卫、辩解、否认的状态里。第9层级的人确定患有某种严重的精神疾病，一般也都在接受物理和（或）心理治疗。

绝大多数人都处于这两极之间，大多数人处在第4、第5或第6层级附近。

还有很重要的一点需要澄清：不管我们现在处在哪一个层级，并不代表我们"永远"都在这个层级！具体原因有三：

首先，生活起起伏伏，每个人都有开心的日子和糟心的日子。开心的日子里，我们的情绪健康水平自然容易比

第一部分：了解情绪健康

糟心的日子里要高。举个例子，一个突发的情绪炸弹就能触发一个普通的第4层级或第5层级的人立刻掉到第6层级。像电影里主人公忽然见到自己心仪的人正与别人打得火热，他们心中瞬间就被激起了恐惧、失望和焦虑，会表现在自己夸大的行为反应上，如失去理智狂撒怒火，一气之下玩起失踪，又或者找其它乐子以回避痛苦。幸运的是，对大多数人来说，这只是生活给他们的一记"大力扣杀"，用不了多久就能"弹回原状"。当然，他们也同样有可能一下就达到第3层级的状态。例如，发现自己所在的组织和所做的事情背后"更大的善意"与"非凡的意义"，他们自然就把自己的个人需求和利益抛在一旁，心里装下了更大的"我们"。

其次，时间是个好老师，日积月累的练习会提升人们的情绪健康水平。对于大多数人，人生本就是一条不断提升情绪健康的旅程——这当然也是本书旨在强调的内容之一！

最后，我们书中所描述的并不是"绝对精准"。实际工作和生活中，不同的人在相同的情绪健康层级也会有不同的反应或回应，毕竟没有人的成长背景和人格个性是完全一样的。同样，在每两个层级之间，也没有完全严苛、精准的测量标准。我们能看到的是有些人确实比其他人拥有更高的情绪健康；而借助情绪健康层级模型，可以很好阐释情绪健康层级最高与最低之间光影一体的变化是怎样的。

处在"某个层级"意味着什么

如果能够用更加具体的文字细化描绘出在不同健康层级的人们对应的特征,我们想来,这样会更容易解释清楚处在"某个层级"究竟意味着什么。在解释情绪健康层级模型时,我们喜欢从中间开始,在第四和第五层级之间首先会画一条"选择之线",然后进一步去阐述分别往线上和线下移动时会有哪些差异。接下来我们就开始对每个层级进行细化描述。

每个情绪健康层级的总结性描述

回归创作本书的初衷,其实只要详细描绘清楚情绪健康层级第3到第6层级的差异就够了,毕竟本书的读者(绝大多数人)会发现自己和/或渴望成为的样子,这几个层级就足以涵盖了。但从完整性的角度,我们还是决定将每一个层级的总结性描述都展示出来。

我们还是要重申,一个人的情绪健康层级绝不是不变的:影响情绪健康层级起伏变化的因素有很多,一天里诸如"一念天堂一念地狱"的情况就可能会发生好几次;我们通过对情绪健康做工作完全可能提高自己的健康层级。

第1层级-临在

在第1层级,人们如入定境,完全"活在当下",每时每刻都处于临在或心流的状态。他们不仅充满法喜,他们的存在本身就彰显着幸福。在他们的世界里,一切限制都可以转化为资源,每个当下都有各种选择(完全的行为自由程度);他们完全整合了脑心腹三个智慧中心,强而有力的内在观察者使他们在每个当下都能随感而应、境随心转。对于他们而言,时间像一个伪命题,他们不念将来也不念过去;他们全然投入在每一个当下,把每一刻都活成了典范。只有凤毛麟角的人能够达到第1层级。

第2层级-人性智慧

在第2层级,人们大多数时候会在临在的状态。他们有极高的行为自由度,几乎不以自我为中心;他们一言一行都彰显着人性的智慧,能够把自己的经验、知识和生活经历融会贯通,用自己的身体力行激励和鼓舞着众人。他们有一个强大的内在观察者,几乎不会有自动化反应的行为。然而,在生活中的某些时刻,他们仍然会做出"惯性"回应而不是做出有觉知的选择。

第3层级-社会价值

在第3层级，人们的生命状态达到高度的平衡。很多时候，他们天然把关注转向更大的群体和更广泛的社会利益。第三层级的人放下了自我中心，发自内心并真切希望能够抱持"更大的良善"为自己的社群/社会服务。伴随着高度的行为自由、有效的内在观察者以及脑心腹整合的全人状态，他们可以为自己和周围的人创造出更多"临在"的可能。他们用内在观察者来"监控"自己的意识和行为有没有一直"在线"，当发现自己在某些压力时刻掉到线下的自动化反应里，他们也能很快就"回到线上"。

第4层级-认可

当人们从情绪健康的第5层级上升到第4层级时，他们开始意识到自己所有的反应和行为其实都可以有不同的选择。他们开始能够更有规律地去观察自己的反应和行为，而观察带来更多觉察，觉察带来更多自由（更高的行为自由度）。他们也开始更好地去整合运用脑、心、腹三个智慧中心，在某些情况下，他们也能达到"临在"的状态。虽然第4层级的人依然会有自动化的行为模式，但他们的模式并不会像"线下"的自动化反应那样给其他人造成那么多负面的影响。

第5层级-自动化反应

不管是东方还是西方，人们的平均情绪健康水平大体就在第5层级。应对不同的情境，人们会被各种不同的自动化反应所掌控。人格通过这些应激性和防卫性的自动化反应试图掌控环境（以及环境中的人），以此达到自己的底层需求被满足的目的。由于启用的内在观察者实在有限，并且由于他们更惯于运用某两个智慧中心而做不到"全人思考"，第5层级的人们很难有足够的内在容量抓住"神奇的四分之一秒"去获得更多的自由并承担真正的责任。然而，当压力消失时，第5层级的人也常常能够做出不是那么以自我为中心的选择，他们的惯性反应也变得较能为他人所接受。

第6层级-夸大

在第6层级，人们的防御机制比在第5层级的时候"表现得更为明显"。由于内心的恐惧和焦虑造成的"过度补偿效应"，他们的自动化反应也变得越来越夸大。大多数情况下，他们只会从自己最惯用的那一个智慧中心去考量一切，他们不太能够连接和运用其他两个智慧中心。由于几乎无法启用内在观察者，他们也几乎没有内在容量可以用来自我反思、改变并成长。第5层级的人在没有压力时还能做到没那么以自我为中心的选择和相对没那么负面的回应，而第6层级的人，唯有在某些特定的情况下才可能做出"两权相害取其轻"的反应。

第7层级-生存

在第7层级，人们觉得生命中几乎没什么能支持到自己，他们的内在恐惧和焦虑已经到了无法忍受的边缘。为了"存活"下去，他们必须按照自己的惯性反应去"掌控世界"。他们只会站在自己的世界里来思考（只能运用一个智慧中心），只会用自己原生态的方式去应对一切。连一丁点后知后觉他们都很难做到，更别说能拥有多少行为自由度了。他们全部的关注都放在了如何让自己活下去，他们很难做出合理的选择或回应。

第8层级-偏执

在第8层级，人们开始与现实脱节，他们的思维、感觉、感知和行为都被严重扭曲，他们无法控制自己——这已经完全到了病态的程度，大多数第8层级或第9层级的人都在接受心理干预和精神治疗。

第9层级-妄想

在第9层级，人们变成了妄想狂——完全脱离了现实，要么要摧毁自己，要么要毁灭世界。他们完全失去了理智，也不受控制。在这种极端病态下，脑袋里的胡思乱想和各种执念成为了他们人生的全部。

第一部分：了解情绪健康

领导力与情绪健康

情绪健康的理念可以运用在每个人的个人成长方面。我们也把它运用在领导者培养和领导力开发方面，效果尤佳。当然，从人生的角度来看，我们所有人也都是自己的领导者。

基于前面的解读，成为高情绪健康的领导者需要尽可能低的自我中心程度（毕竟，领导者本来就应该以他人和组织为本，而不是以自己为本）和尽可能高的行为自由度（这样才能做出更深思熟虑的决定，而不是自动化"膝跳反应式"地拍脑袋做决策）。人们希望领导者不仅要果敢强势，还要富有慈悲心和同理心——没有更高的情绪健康，领导者无法做到这些。

我们经过多年实践发现，在情绪健康第4层级及以上的领导者们在工作中更能够激发出积极的能量与情绪。他们通过创造一个彼此都真正认同的愿景来激励众人，同心共振。在迈向愿景的路上，他们还会竭尽所能去引领团队中的每个人，支持他们也都成为最好的自己！

在情绪健康系列丛书的第一本中，我们详细探讨了情绪健康与领导力之间的关系。如果你想了解更多，敬请参阅我们于2013年出版的《高情绪健康领导者》一书。

第二部分:
九型智慧与情绪健康

市面上有很多工具和法门旨在帮助人们更好地探询"我是谁","我更喜欢什么",以及"我如何与他人和世界互动"。在所有这些工具和法门中,我们在工作中会使用的是九型智慧(人们也称作九型人格)。

关于九型智慧

上世纪1990年代,在决定要共同创建Global Leadership Foundation 之前,我们遇到了九型智慧。Global Leadership Foundation 成立后,我们把"自我实现"确立为组织的三大核心价值观之一。那时的我们就已经非常确信:九型智慧将成为我们践行这条价值观的重要抓手。从那时开始,我们有幸遇到许多当代九型界最杰出的人物并与之合作,包括Russ Hudson 和已故的 Don Riso,Ginger Lapid-Bogda,已故的David Daniels,Jerry Wagner,Andrea Isaacs,Uranio Paes,Peter O' Hanrahan 和 Tom Condon。就像情绪健康一样,九型智慧也是一门越学越新,值得用一生探索的学问。

九型智慧在个人成长和内在进化方面作用巨大，在帮助人们理解和提升自己的情绪健康方面更是有奇效。

九型智慧Enneagram源于古希腊，Ennea是数字9，Grammos是一种符号。九芒星的九个角代表人们应对自己、他人和世界的九种方式——也被称作"九种类型"——每一种类型在深层都拥有不同的内在动机和世界观，表现为不同的思考、感知和行为模式。每一种类型也都为世界赋予了一种独特的"天赋"。

下面（图9）就是九芒星，圆环上的九个点代表九种类型，圆环内点与点之间的连线代表每个型号的动态变化情况，书中稍后会对此进行解释。

刚接触时，人们会觉得九型好像是一种人格分析工具，和MBTI、DISC或其他众多工具同属一类。确实，通过九型

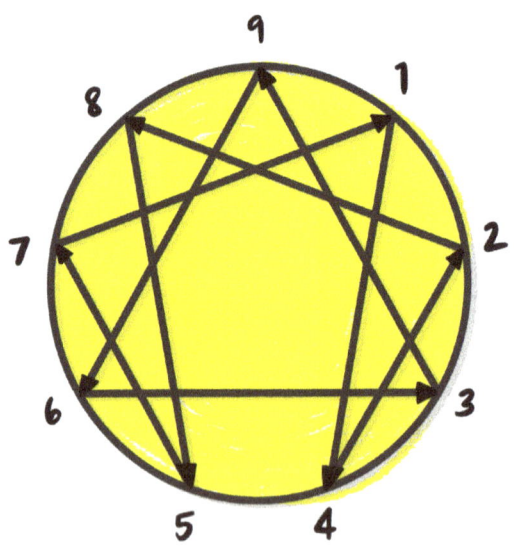

图9：九芒星

第二部分：九型智慧与情绪健康

测评，被测评人确实会得出自己可能的"九型类型"是什么——但知道自己可能的九型类型仅仅是自我探索的开启，而明确自己的九型类型也绝不是自我探索的终结。

关于九型智慧还有一点很特别：九型不仅有区分的智慧，更有合一的整体性视角。

——我们不必被局限在某一个类型里；

——当情绪健康来到第1层级，我们拥有全然的自由并且有能力运用全部九种类型的天赋。

对绝大多数人来说，我们的情绪健康水平处于第4到第6层级之间，通常会有一种"类型"主导我们的思维、感受和行为——我们将此类型称为我们的"基本九型类型"。除此以外，我们还可能会对其他的九型类型也有很强烈的感觉，或是对其他类型的某些特质有很强烈的感觉。虽然我们只有一种主导的"基本九型类型"，但是在主导类型与其它我们有着强烈感觉的类型混合作用之下，才能最终呈现出"我们究竟是谁"。学界认为每个人生来就拥有了自己的"基本九型类型"；在0-7岁的形成期，从最初照顾自己的人身上我们还会习得另外一种、有时甚至是几种九型类型的特质；成年后，受职业或者社会的影响，我们还可能习得更多的型号习性。理解了这些也就理解了自我成长的可能性会在哪里：我们可以通过克服不同的卡点，拓展自己的内在容量，进而拓展我们的行为自由程度；接纳自己内在不同的九型类型并真正活出所有九种类型的天赋。

不幸的是，掉到情绪健康第9层级的人（切记：不要把情绪健康的九个层级和九型智慧的九种类型混淆）只能活出主导他们的"基本九型类型"不好的那一面。

在学习九型智慧并探索我们主导类型的过程中，我们能更深入地了解我们自己，了解这种人格类型的天赋和局限，了解自我与他人关系底层的本质。当然，我们不是说只要你学习了九型就一定能做到这些。我们想强调的是：九型为我们提供了足够的信息和洞见，我们可以利用这些信息和洞见来发展我们自己，提升我们的情绪健康；九型智慧合一的整体性视角也为所有人提供了扬升的可能：超越我们主导的九型类型，理解其他每一种九型类型的行为和模式，发现行为和模式之下隐藏的天赋和美德。见自己，然后见众生；见众生，也终见自己。

第二部分：九型智慧与情绪健康

九型与三个中心智慧

九型智慧与脑心腹三个智慧中心也有全面的关联性——这也从一个方面解释了，把运用九型智慧与提升情绪健康整合在一起为何能够达到1+1＞2的效果。

前面我们说到，人们能够平衡运用脑心腹三个智慧中心也就意味着他们到达了很高的情绪健康层级。如图10所示，每种九型类型都对应有一个自己更容易去调用的智慧中心。随着情绪健康层级越掉越低，人们在自己主导的九型类型及其对应的智慧中心里也变得越来越僵化和固着。

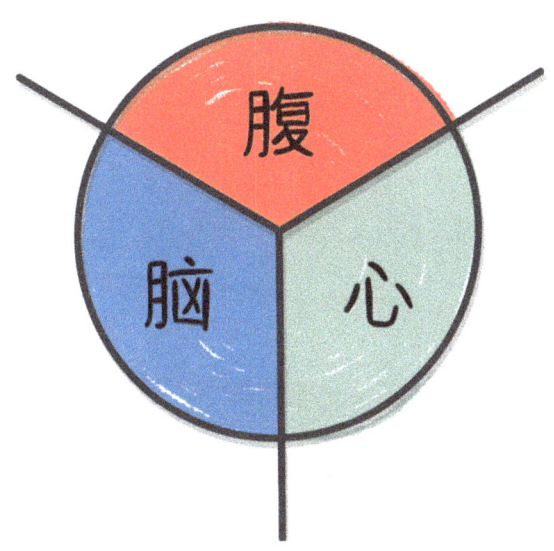

图10：九型类型与脑心腹三个中心

换言之，人们拥有了更高的情绪健康，也就拥有了更多的行为自由以及更好整合运用脑心腹三个智慧中心的能力——这使得人们不仅能"活出"自己主导类型的光彩，也能"活出"所有其它类型的天赋与特质。

即使是那些在情绪健康一般层级的人——通常能够联结三个智慧中心中某两个中心——也如我们之前讨论那样的，往往也能呈现出不止一种九型类型的特质。脑心腹智慧中心的联结情况与不同九型类型的强烈程度两者奇妙结合在一起，描绘出了每个人最独特的存在。了解三个智慧中心与九型类型如何"化学反应"的过程本身就能够为人们提供一系列自我成长的可能——正是出于这样的考量，接下来详细介绍每一种九型类型时，我们也会将每种类型对应的脑心腹智慧中心联结的情况一并介绍给大家。

情绪健康的光影连续体

如果从合一的整体性视角来看情绪健康，我们发现情绪健康是一个像光影一样动态变化的连续体，其中有"自我中心程度"和"行为自由程度"两个关联变量，每一种九型类型也对应有自己情绪健康的光影连续体。接下来，我们就展开解读每种九型类型以及各类型在情绪健康比较高的第2层级到比较低的第7层级之间，每个层级有什么表现，其光影连续体又是怎样的。

第二部分：九型智慧与情绪健康

每个型号的天赋、基本恐惧和应对机制

前面我们提到，每种九型类型都对应拥有一种"天赋"，九种"天赋"合在一起构成了人类本自具足的"自性"。

拥有高情绪健康的人大多数时候都能够做出线上的行为和回应，他们的行为和回应方式则与其基本九型类型有直接关系。有的人会像导师一样，选择赋能和授权的方式；有的人会像将军一样，选择领跑并激发人心；还有一些人可能会像智者一样，深思熟虑然后团队协作。人们线上的特质彰显着每种九型类型的"天赋"——这些"天赋"是九型智慧送给生命的礼物。

反过来，很多时候当我们处于情绪健康比较低的状态时，某些情境下我们也会呈现出线下的行为反应。同样，我们具体会如何反应也跟我们的基本九型类型有直接的关系。同样面对有压力或是被人挑战的情境，有的人可能会表现出来抗拒合作、高声对抗；有的人可能会表现为自我打气、自吹自擂；还有的人可能会表现为消极悲观、焦虑担心。我们把所有这行为都称作"应对机制"——在行为自由度比较低时，人们会诉诸于怎样的行为方式或人格机制——所有的"应对机制"都源自于每种九型类型底层不同的"基本恐惧"。

其中的心理学原理是这样的：每一种九型类型的天赋实际上都是从其对应的基本恐惧和应对机制中创造出来的，一个人深层的基本恐惧为其提供了与世界互动的动力基础（动机）。即使人们到了很高的情绪健康层级，其基本恐惧和动力基础也依然存在。

关于这个部分如果你现在还无法细化理解也没有关系，但是等到了本书的第三部分开始探索成长的发展路径时，能够细化理解这部分内容就变得尤其重要了。

测测你的九型类型

与大众熟知的DISC或MBTI等测评工具不同，我们主导的九型类型无法仅仅通过单一的测评问卷就能确定，原因很大程度在于九型智慧合一的"整体性"。九型是立体的，虽然每个人都有主导的九型类型，但我们绝不会只有这一种九型类型的特质。永远不要把自己努力塞进某一个"盒子"，我们不仅仅是某一个类型，我们可以活出所有类型的天赋和美德！

一般来说，我们鼓励人们（至少）在开始学习和运用九型智慧的时候采用"自我反思（反求诸己）"的方式。接下来阅读每个智慧中心的详细阐释以及九种九型类型的细化描述时，请有意识地留意自己是否有与描述类似的状态。尤其在每种类型情绪健康的光影连续体那个部分，请仔细阅读每个层级的词条及其对应的行为描述，标记出你感觉"很像在说我"的那些词条。通过这个过程，你可能会发现自己有一到两种，也可能会是三种九型类型都有比较强烈的感觉，而你的基本九型类型就藏在这几个候选类型之中！

本书107页开始还将为你提供其他理解九型智慧的视角，阅读时请运用更多的自我反思。在那个部分你将对自己有更深入的觉察，并且能够得到更多的"素材"来构建完整的"个人九型档案"。

  市面上有很多的在线工具和智能APP（通常是问卷），它们也许能帮助你进一步"缩小范围"，或者至少能给到你更多的内容去思考。不管怎样，有一点你需要铭记于心：没有任何工具可以给你一个绝对正确的答案！如果按照我们前面描述的探索过程探索一遍之后，你仍然难以确认自己最强烈的类型究竟是什么（也可能你想在自己最强烈的九型类型上做更深度的评估），那么你可能会对我们专门为此研发的九型卡牌感兴趣。关于卡牌的信息你可以在本书最后的附录中找到。

每种九型类型与其主导的智慧中心

本节开始,我们将对九种九型类型一一做概括描述。即使你认为自己已经大概清楚自己的九型类型了,我们依然建议你去通读每一种类型的描述。不管是稍后将阐释的九型类型与情绪健康之间的关系,还是本书第三部分将讨论的个人"提升情绪健康的路径",现在这一节的内容都十分有益且重要。

对于每一种类型,我们都会描述该类型的"天赋"(该类型的人们具备的优势,会在与他人和社群互动时展现出来)、"基本恐惧"(与该类型所属智慧中心的底层需求有关)以及"应对机制"(为了不去感受和体验基本恐惧而采取的行为模式)。我们也会向大家介绍每种九型类型与情绪健康之间有怎样的关联。

我们会按照智慧中心的维度依次介绍每个中心所对应的九型类型。从腹智慧中心的第八型开始(而不是从第一型开始),依次循环一周:先是"腹"中心(第八型、第九型和第一型),然后是"心"中心(第二型、第三型和第四型),最后是"脑"中心(第五型、第六型和第七型)。

"腹"中心：第八型、第九型和第一型

与你共事的人中间会有一些人，他们对当下所处的环境很敏感，他们本能地可以感知到每个情境中自己需要作何反应。他们不需要了解太多信息，也不会担心自己是否有资格来管这些事情，他们会首先基于本能（"胆识"）来应对。这类人都是"腹"中心智慧很强的人。

腹中心与得到自主权、维持自己"我就是整体"的存在感有关；腹中心也关乎于把事情搞定——确保事情以正确的方式被执行，引领他人参与其中并共同把事情做成。对于腹中心很强的人，"活在当下"对他们有极强的吸引力。他们通常更直接、自发、行动导向，他们非常能够觉察到所处环境中的对抗和掌控，他们会留意什么正在生成并在需要的时候介入，以此保证自己能够得到自主权。

我们通常会用来描述腹中心"线上"行为的词条包括：全然接纳、导师、赋能授权、接纳包容、坚定不移、和谐、理想主义、内外一致、中正和慧眼如炬等等。

腹中心在"线下"时，虽然所有的行为还是为了获得自主权，但行为方式却变得更加强势、更加以自我为中心——因为不想感受到分离，于是更加想要去掌控。当腹中心的人掉到线下感知到自己将要失去自主权，内在底层的愤怒会立刻升起，于是他们会用强硬的立场去对抗事物原本的样子。当腹中心的人们内在深层的愤怒升起时，会用以下三种方式中的一种反应（具体会用哪一种取决于他们的九型类型）：他们或直接把愤怒发出来，或回避自己的愤怒，或试图去控制自己的愤怒。

他们在"线上"表现出来的赋能授权、接纳包容和理想主义在"线下"则变成高度控制、逃避拒绝和吹毛求疵。

第八型：从赋能授权到高度控制

第八型人是很有影响力的。专注于能够把事情搞定，他们直接、坚决、活力满满、体力强、精力好，他们把自己的活力、体力、精力和能力投注在工作和生活的方方面面。他们喜欢被别人看作是意志坚定、有开创力的人，永远不会想都不想就随大流，也不会冷漠平淡过一生。他们之中有些大声喧闹，有些含蓄得体，但不管怎样，他们在与人交流时都是直来直去的。他们关注公平正义，首先是寻求自己的公平正义，然后是捍卫他人的公平正义。他们有清晰明确的想法，对于别人是怎样利用他人和环境来达成自己的私利，他们尤其敏感。

天赋：第八型人的天赋是能够用人类真正的勇气和力量去面对遭遇的一切。有这种天赋的人足智多谋、决策果断、自力更生，能巧妙而有效地处理困难情况，绝不会退缩和放弃。

基本恐惧：害怕被他人侵害和控制并因此变得脆弱。

应对机制：不遗余力、竭尽所能去保持自己的强大并掌控自己与他人的人生。

第八型人对他人是赋能授权、充满保护欲的，他们会用自己的力量保护他人免受侵害，鼓励他人成为更强大、自信、独立的人，也会赋能他人去介入并掌控自己的命运和未来。不管遭遇了什么，他们都能建设性地克服各种挑战，把一切搞定。他们通常是群体中那个"有话直说/该说就说"的人，他们勇于发起并无畏去进行新冒险，他们充满信心地面对一切。他们会坚持不懈地追求自己的事业，在过程中，他们会成为所有缺少第八型力量和优势的弱者们所拥护并捍卫的人。

虽然第八型人散发着巨大的力量，但他们内在却很少感到自己真得像表现出来的那么强大、那么有安全感。他们心底有一种深深的恐惧，担心被他人侵害或控制。如果发觉自己正被侵害或控制，他们会利用其他人让自己获得（重获）力量与控制权——他们自己通常并不觉得在利用别人，但事实却并非如此。一般来说，他们对自己和他人的感受并不敏感，原因是他们觉得自己不必理解"情感的敏感"——他们把"情感的敏感"错当成优柔寡断和软弱无能，于是嗤之"敏感"以轻蔑、愤怒甚至厌恶。他们常常通过行动来表达对他人的爱，而不会用语言来表达自己的感受。

由于第八型人精力过于充沛且很容易对日常事务感到厌倦，他们会执意去做那些困难大、阻碍多的事情，然后以此让自己得到影响力与权力。他们通常活在这样一种错觉里——认为人活着就是要有自己的影响力，要能把各种事情搞定——也正因如此，他们几乎无法放下警惕，不停去规划接下来几步要怎么办。他们常会觉得世界全靠他们撑着，觉得他们需要去点燃其他人的激情好让大家前进。对他们来说，生命实在是走得太不慌不忙了：他们不喜欢自己不慌不忙的状态，他们喜欢自己投身其中、忙个不停的状态。他们热爱刺激。

也许是因为不在乎，也许是因为就算其他人有什么想法或说辞也影响不到他们，第八型人无惧于表达自己的意见。他们能够应对各种压力和紧张，面临危机他们也能从容不迫。过往的经验教会他们相信自己有能力迅速、全面、富有创造力地应对任何情境，即使面对最出乎意料的情况，他们也依然能够搞定。越来越清楚自己具有这样的能力，他们的自信也越来越强。但在别人眼里，第八型人这种不顾及他人感受的"自信"常常被解读为"自负"。第八型人之所以需要让自己感受到"我是强大的"是因为他们会感受到自己内在的软弱，这种软弱感会很快控制住他们——他们努力想要去战胜内在的软弱。

第八型及其情绪健康的光影连续体

在更高情绪健康层级的第八型人，他们能够表现出真正的允许与开阔的心胸。像所有第八型人一样，他们确信自己有能力应对遭遇的所有情况，而脑心腹平衡带来的"临在"则让他们能够放下自己对于掌控一切的需要。这样的状态下，他们非常擅长在过程中为他人赋能并最终达成预期的结果与目标；他们也善于后退一步留出空间，好让别人可以向前迈进。他们觉得自己活力满满，会带着好奇由衷体验每一个当下。

掉到比较低情绪健康层级的第八型人，会更多向人格的应对机制寻求帮助，他们的防卫反应变得更加专制、苛刻和掌控。他们可能充满敌意、变得好斗，可能会逼迫他人、不给空间，甚至变得令人恐惧。他们会使用武力和恐吓去迫使别人做事。他们有强烈的需求要去掌控一切、拒绝变得脆弱。

图11详细描绘了第八型在不同情绪健康层级人格的光影变化是怎样的。

第二部分：九型智慧与情绪健康

2	全然接纳	我接纳每个人和每件事的发生，我内心平静、拥有由内而外的力量
	导师	我能发掘别人的潜能，并协助他人学习和成长
	赋能赋权	我会鼓励和帮助他人变得更有力量、更自信和更独立
3	企业家精神	我经常提出新倡议，勇于冒险、开拓并实践新计划
	克服困难	我内心坚定、充满力量，也会积极克服各种挑战
	保护	我会运用自己的力量、权威和各种资源去保护他人免受伤害
4	果断	我决策果断且自信，几乎不会质疑自己的决定
	实事求是	我是务实、高效、直率、就事论事的，不能忍受无关紧要的事情干扰
	直接	我是清晰直率、实话实说的
5	支配	我比他人更强大，所以可以支配身边的人和事
	粗鲁	我说话直戳重点、直截了当，不在意别人的感受
	操控	我喜欢掌控全局（不管人还是事），并且主导事情的结果
6	好战	我好斗、充满敌意，挑战别人的底线、意欲挑起斗争
	对抗	我公然对抗、不愿协作，也拒绝服从
	侵略	只要是我认为他人应该完成的事，我会不惜用武力及恐吓的手段使他人行动
7	报复	我会报复那些侮辱、毁谤、伤害过我的人
	独裁	我会用自己的强权，以苛刻、不公平的手段去强制别人完成任务
	残酷	但凡我认定是必须要的，我就一定要做成，绝不心慈手软、优柔寡断

图11：第八型的光影变化-从赋能授权到高度控制

第九型：从接纳包容到逃避拒绝

第九型人很平易近人，他们如此注重和睦，他们会运用安静的力量来"hold住"复杂的人际关系。仅仅因为不想要和他人争论，他们就会离开房间——或是"情感上离开"，或是"身体上离开"，也可能"情感与身体双双离开"——他们不愿意参与任何对抗。其他人爱咋想咋想，想说啥随便，爱怎么觉得就怎么觉得，反正第九型人自己高兴做什么就会去做。如果屈服于一时压力他们做了自己不愿意做的事，他们很清楚事后自己会为此更加怨愤。

天赋：第九型人的天赋是能够为一切赋予和谐、带来和平。他们充满耐心且极具外交能力。他们能找到共同的基点和解决方案，会从多元视角看待问题，能把相关方协调在一起就问题展开对话。

基本恐惧：失去自我或与整体分离。

应对机制：内在遗忘自我，外在寻求归属感。

他们内在的平静与临在，让他们外在的生活和谐且宁静。他们随遇而安，乐观向上，对每个当下都充满兴趣。他们内心平静，不为世俗不必要的担心和关心所动，通常都很悠闲。他们会尽可能保护和提高自己的声誉，不管在职场还是社会中，他们都很受人尊重。自己会被别人记起这对于第九型人来说很重要，因为他们自己很少会记得自己（他们会遗忘自己）。

第二部分：九型智慧与情绪健康

有些人很惊讶第九型也是力量导向的人，他们只是以一种很安静的方式在使用力量。他们的亲和力掩盖了他们有极强独立自主性的那一面，私下里，他们会固执地坚持自己的观点。

第九型抗拒对自己的内在做工作。带着随和的面具和轻松幽默，他们远离任何需要审视自己感受的活动。过往的怨愤和痛苦在那里暗潮汹涌，他们担心内在成长可能会迫使自己必须直面问题——直面问题带来的紧张与混乱是第九型人自己不愿面对、也无力应对的。被困在持续不断的痛苦中的感受是他们不惜一切代价都想要避开的，于是他们会竭尽全力想让自己感到内在和平。他们或是保持安静试着融入其中，或是为了避免冲突而顺从他人的安排，他们就这样任由事情发生在自己身上、发生在自己周围。

第九型人会花大力气来维持现状，而不是去达成更高的目标；他们用被动的力量来抵御外在的冲突；他们把个人的怠惰解读为谦卑的接纳。毕竟，随着时间的流逝，一切都会过去，何必还要为那些自己无法改变的事情而烦忧呢？第九型人生活在这样一种错觉里：在职场和社会中不管被要求做什么，他们觉得自己都能做到。

第九型人与大地有深深的联结。在大自然里他们常觉得就像呆在自己家一样，一点都不会害怕。他们发现呆在户外可以恢复自己与大地的联结，这种与大地的联结会把他们在日常工作和生活中的压力一扫而空。他们常会被户外运动所吸引，这些活动能让他们重新找到扎根的感觉，并带来渴望已久的内在和平。他们私下里和在公共场合中可能看起来完全像两个人：在家里或是在面对自己的个人情感和需求时，他们常常是图懒省事；而在与外界互动时，他们则会把所有的优秀品质都展现出来。

第九型及其情绪健康的光影连续体

在更高情绪健康层级的第九型人，在生活和人际关系的方方面面都是平衡且坚定的。他们不仅对自己的想法和观点清楚且自信，他们也同样重视他人的贡献和价值——他们拥有一种天然包容一切的气质。他们为周围的一切赋予平静与和谐，他们令他人感到舒服与自在。他们的存在本身彰显着生命的张力起伏与顺流的和谐之美，他们知道自己内在的合一源自于对生命积极的投入。他们明白入世和得道并不割裂，他们懂得无为而治、自然而然、有可为有可不为的价值。

掉到更低的情绪健康层级，第九型人会使用消极抵抗的策略来得到他们想要的东西，并会把自己固定在舒适的惯性里，以此来回避内在的焦虑以及与世界的分离。当别人提出建议或试图影响他们时，他们会变得十分抗拒改变。为了维护他们自己"虚构的现实"，他们会拒绝接受到底何为真相，也不愿承认究竟孰是孰非。

图12阐释了第九型在不同情绪健康层级人格的光影变化是怎样的。

第二部分：九型智慧与情绪健康

2	坚定不移	我刚柔并济、坚定自信，能以轻松包容的心态接纳一切
	平和顺应	我生活和人际关系的方方面面都是谐调且平衡的
	和谐	我内在的平静与临在让我外在的生活和谐且宁静
3	耐心	我会内心平静地等候事物自然生发，不会主动介入或干预
	接纳包容	我会让所有利益相关者投入其中、共同制定决策
	主动协调	在冲突中，我会召集各方并充当引导师的角色，让大家达成共识并制定解决方案
4	怡然自得	我不太会因为外在的事情、自我或他人的催促逼迫而影响平稳的心情
	视角多元	我能理解多元的视角和观点，并让不同的人都积极参与同一场对话
	合群	为了与他人保持一致，避免可能的矛盾冲突，我会调整自己的预期
5	迁就	即使本非我愿，我依然会去顺服和迁就他人的意愿
	立场中立	我不会表态支持任何一方的立场，也不寄希望大家能达成某种成果
	拖沓	我会把事情拖到第二天再做，因为我不觉得存在什么"紧急事件"
6	躲避矛盾	我拒绝让自己参与其中，好处是这样就不会被牵扯进什么麻烦或矛盾
	冥顽不化	当他人给我建议，或努力想影响和改变我时，我会竭力抵抗
	被动消极	对任何人和事，甚至是我自己的人生，我都提不起什么兴趣
7	毫无作为	我无法做出实际的产出
	疏忽大意	我无法注意力集中地去做任何事
	无关紧要	我认为自己是个无关紧要的人，任由被他人践踏我也毫无所谓

图12：第九型的光影变化-从接纳包容到逃避拒绝

第一型：从理想主义到吹毛求疵

第一型人是态度积极、精力充沛的，他们容易被先锋改革者的角色所吸引而成为以身作则的先行者。他们常会站在努力进步的第一线，总是在改善和提升自己的工作与生活；他们会严格控制自己的情绪，试图对遇到的每个情境、每件事情都做出完美平衡、不偏不倚的回应。他们的内在有一个批判家，头脑里常有声音会指出自己和别人犯了哪些错误、造成了哪些过失。他们可能是具有强迫症的"清单狂魔"，虽然他们的强迫症基本只对自己，但我们不乏从他们的配偶、孩子和同事那里听说，第一型人会在一大早就给到他们今天的"待办事宜清单"。还有更令人崩溃的情况，第一型人甚至会在周一清早就把这一星期的"待办事宜清单"给到他们的配偶、孩子和同事们。

天赋：第一型人的天赋是能够明辨究竟什么是良善、公平、正确和正当。

基本恐惧：自己不够好，自己有瑕疵，或是自己错了。

应对机制：不断发现问题并想要去改正它们；会有完美主义倾向。

第一型人是理想主义的，他们立志要成为符合最高标准的活的典范。他们是正义和公益事业的捍卫者。他们会运用自己对是非对错的直觉，准确判断出"正确的行动"有哪些，根据重要性高低排序，并相应地安排自己去一件件把事情落地。

第二部分：九型智慧与情绪健康

出于对缺陷或犯错的基本恐惧，第一型人总是在寻找各种办法让自己"保持正确"——他们觉得自己必需去纠正一切错误。在尝试任何新事物之前，不管是修剪灌木还是开启新工作，他们往往都会首先仔细研究，希望确保自己能把它们做对做好。他们心底有一种动力，希望自己能以身作则、树立标准、无可非议。他们压抑自己的愤怒和冲动，以维持不失控；他们不断拿自己与他人比较，以维持自己始终是"对的"那个形象。

因为常认为自己是唯一能把一切做对的人，第一型人有着完美主义的倾向，他们会努力为大家分配工作。他们的信条是：只要我把该做的事情都做对了，那么我就应该是负责掌控大局的那个人。与此同时，若是其他人没能做好第一型人分配给他们的工作，第一型人会觉得自己陷入了困境——"我将不得不额外承担更多的责任，这不公平。"

第一型人是"双速人"：他们要么停下来怎么都不动，要么动起来怎么都停不下来。大多数情况下，他们处在停不下来的状态。在第一型人那里，如果他们明明有该做的事情可自己却在放空或不作为，他们会为自己这种不劳而获的状态而感到愧疚。他们想要努力成为重要的人，希望能用努力为自己赢得一片天地。于是为了满足自己理想主义的标准，他们常常会以慢工出细活的方式工作更长的时间。

第一型人一方面想要有时间独处，但另一方面他们又需要在人际关系中减轻自己的不配得感以及与之相关的不安全感。他们认为自己原本的样子是让人无法容忍的，所以自己必须变得更好，永远都要越变越好。有一点很讽刺，当第一型人不公平地对他人发火时，他们通常会因为自己"火发得不够完美"而感到更加恼火。

第一型人常开的笑口、整洁的外表和那一丝希望被别人喜欢的羞涩让他们充满了社交魅力。他们通常给人的印象是独立自主的，他们擅长把控自己的生活、不擅长表达自己的需求。

第一型及其情绪健康的光影连续体

在更高的情绪健康层级，第一型人不仅自己言行一致、内外如一，他们也十分尊重其他人呈现的样子、尊重大家带来的一切。他们知道自己本性良善，他们全然感恩生命，他们能够看到一切行为背后的慈悲。他们知道正确的方式不只一种，他们明白每个人眼里的完美各不相同——这让他们内在充满了柔软和弹性。他们是不带评判的，他们拥抱每一个能够更好理解他人观点的机会。

当掉到更低的情绪健康层级，第一型人变得更加挑剔、怨愤、恼怒且自以为是。不管是关于什么是对什么是错，还是关于什么该做什么不该做，他们的思维都变得越发僵化。他们认为凡事都只能有一种做法；面对与自己持不同意见或不顺服自己的人，他们会变得毫无耐心——他们态度强硬，觉得自己所有的行为都有完全正当的理由。

图13阐释了第一型在不同情绪健康层级人格的光影变化是怎样的。

第二部分：九型智慧与情绪健康

2	内外一致	我毫无隐藏，完全活出自己坚守的原则和价值观
	中正	我珍视并尊重所有的视角和观点
	慧眼如炬	不管在何种情况下，我都能分辨出什么是对他人重要的并给到真知灼见
3	良知光明	在每件事的想法、决定和行动上，我会遵循良知的指引
	道德感	对每个人都公正且公平——这是我内心坚守的道德准则
	有原则	我清楚自己的原则立场，而且我会把这些原则贯彻在我的每一言每一行中
4	理想主义	我有一套每时每刻都想竭力去达到的崇高理想
	有序的	我非常有规律，会确保周围的一切都被组织和管理得一丝不乱、井然有序
	孜孜以求	我不断地坚持要以正确无误的方式来执行任务、履行职责
5	背负责任的	我深信自己必须不懈努力，让一切（无论是自己、他人还是周围的环境）都越来越好
	被自主规范的	为了确保我的言行举止是被人们接受的，我必须小心留意自己的言行举止
	纠正	我会注意到身边的一切错误和缺点，并且觉得自己有义务要去改正它们
6	固执己见	我会固执地坚持自己的观点，因为我认为自己的观点就是对的
	吹毛求疵	我拒绝一切不完美，不允许存在任何瑕疵
	感到怨愤	我会自我压抑并对一切我觉得不对的事情都充满愤怒
7	自以为是	只有我拥有真理且我总是对的，所以我的所作所为都合情合理
	死板僵化	我立场强硬、绝不通融，几乎不会被动摇或被影响
	自我惩罚	我会因为自己的缺点和错误而狠狠惩罚自己

图13：第一型的光影变化-从理想主义到吹毛求疵

"心"中心：第二型、第三型和第四型

"心"中心关乎于人与人之间的关系，关乎于"我是谁"的身份认同，还关乎于价值感。心中心的人关注要去了解并支持他人的需求，想要确保自己做事的方式符合他人的期待，想要能够表达出自己的感受以便更好地被他人理解。

心中心很强的人天然就有与人联结的亲和力，会与他人建立良好、互敬的人际关系。他们重视来自他人的关注和/或认可，外界的反馈是他们不可或缺的能量补充来源。对于人们的很多情绪变化他们都能感同身受，他们通过心的链接听到每个人心底的声音——对我来说，真正重要的是什么。他们渴望通过人际的关系与互动得到他人的认可和欣赏，在这种强烈渴望的驱动下，他们练就了极高的直觉力，能够洞悉他人的需求和需要。

我们通常会用来描述心中心"线上"行为的词条包括：心怀敬意、深度关怀、富有感知、感性、谦和、令人钦佩、自我认可、真、独具一格和擅于发现美等等。

心中心在"线下"时，有的会变得操纵他人、令人窒息，有的会变得投机主义、会以牺牲他人为代价攫取自己想要的结果，还有的会变得自怨自艾、"给自己不断加戏"。如果无法从他人那里获得关注和认可，他们底层潜在的无价值和不配得感就会显现出来。这时的他们会觉得自己不被爱、被他人抗拒、不值得被别人关注和看见。为了对抗这些感受，他们会从以下三种方式中选择一种来继续寻求他人的关注或肯定：他们要么为了得到关注不断地屈服让步，要

么通过追求外在的成功以获得他人的重视，要么为自己创造独特的身份和形象以此脱颖而出、被人看见。

第二型：从深度关怀到令人窒息

第二型人对全人类有着深深的慈悲、关心和感同身受，他们对自己和他人的感受、需求和情绪状态有着深刻的理解和共鸣。他们会鼓励他人并欣赏他人，他们能看到别人的良善。因为总是很关注关系中对方的情绪和感受，他们常被认为是有爱心的、体贴的、善良的、温柔的、乐于助人的。第二型人拥有惊人的直觉力，他们总能找到需要他们的人，也总能知道他人的需求是什么——这种直觉力体现在他们所做的每件事中，他们总在思考如何让自己与他人的联结变得更容易。虽然他们可能无法准确地指出或识别一个人当下的具体需求究竟是什么，但他们的直觉会告诉他们，这个人的状态哪里不对。

天赋：第二型人的天赋是能够深度与他人共情，真诚无私、身怀慈悲地服务他人、满足他人的需求。

基本恐惧：不被爱、不被需要。

应对机制：把注意力焦点放在他人的需求上，认为自己只要通过付出满足了他人的需要并且自己被他人需要，那么自己的需求就被满足了。

第二型人温文尔雅、善解人意的性格吸引着人们靠近他们，靠近他们营造的温暖、安全的环境。与他们在一起，人们可以自由地敞开自己、展现自己的真诚和脆弱，而这也给予了第二型人内在一种温暖。当第二型人独处时，这种温暖就消失了，一种说不清道不明的无意义感开始涌起并消耗他们的能量；面对自己时的这种内在孤独感实在太难受了，于是他们又开始挂念别人。由于着实不喜欢独自一人，他们不顾一切地去帮助其他人。对于第二型人，能够成为通过慷慨付出回应和满足他人需求的"专家"是很重要的，来自他人的感谢和感激往往能够缓解第二型人内心持续不断的孤独感。

第二型人常会被能够助人的职业所吸引。在从事这些职业时，他们渴望支持他人的心愿可以得到很好的运用。可是，在回应和满足他人需求的同时，他们往往也会对他人产生更深层次的需求——这些需求只有他人才能满足，第二型人自己无法满足自己——他们把自己的幸福感和价值感全部建立在与他人的关系与互动上。简而言之，在与他人的关系和互动中，第二型人是高手；在与自己内在的关系和互动中，他们则是矮人。表面上看第二型人好像在给出爱，但在更深层，他们实际上恰恰是在索取爱。

关系中，第二型人会给到对方感情、礼物、服务和许多其他的东西，却常常会对关系中对方的回应感到失望。他们对自己动机的黑暗面视而不见，只狭隘地看自己正在助人的那一面，他们就这样任由自己人格中温暖的一面"主导"了自己。他们往往会怨恨那些不愿接受他们帮助或者试图与他们建立互惠互利关系的人。他们骄傲于自己富有美德、充满自我牺牲的生活态度，他们很好奇为什么很少有人能做到"（像他们一样）以他人为中心"——最终他们得出的结论是：大多数人就是那么自私自立。

由于过于关注与他人的关系和互动，第二型人的私人生活变得杂乱无章，很多责任被他们忽视，许多自己个人方面的项目只完成了一部分甚至压根没有做。

第二型及其情绪健康的光影连续体

在更高的情绪健康层级，第二型人的付出和大方是真挚的。他们明白了自己的价值无法通过依附于其他人的喜欢和爱而得到；他们理解了虽然与他人有紧密的关系很重要，过程中需要把自己照顾好也同样重要。拥有更高情绪健康的第二型人清楚同理心不是同情，而是欣赏和支持当下的对方。他们与人互动的方式、对人表现出的关注以及对他人真诚的关心，让第二型人成为了人们眼中天生的教练。

当掉到更低的情绪健康层级，第二型人开始变得操纵人心。他们觉得自己付出了那么多却没有得到相应的回报，觉得自己精疲力竭，觉得其他人"狼心狗肺"。鉴于此，他们变得精于算计，想方设法要让自己的需求被满足。他们肆意妄为，还觉得这样能让别人更爱自己。为了满足自己的需求，他们可能会用"窒息的爱"让别人再也离不开自己。他们的"付出"和"慷慨"背后附加了许许多多的条件。

图14阐释了第二型在不同情绪健康层级人格的光影变化是怎样的。

第三型：从成就导向到投机主义

第三型人是精通人情世故的。他们非常能够与他人的感受和需求同频，并且会利用自己这种感知力让他人来支持达成项目结果和既定目标——所有达成的结果与目标全都是为了强化第三型人更自信、更有能力的自我形象。这些勤奋、进取、"要我所得"的第三型人通过别人对他们称赞的多少来衡量自己取得成功的大小。第三型人会选择性失忆，他们只记得自己过往的成功，却记不住自己曾经的失败。如果需要他们违背自己的某些准则和价值观才能获得成功，他们也很轻易就能找到放下个人准则的理由；而遭遇失败时，他们会径自走开，绝不再回头看，他们对结果的忠诚在那一刻突然就消失不见了。

天赋：第三型人的天赋是能够用干劲、才能和组织协调能力，推动事情并达成结果。

基本恐惧：没有价值；抛开外在取得的成就之后自己一无是处。

应对机制：用最便捷高效的方式完成任务、达成目标，以此获取他人的关注。

第三型人拥有一种才干，他们能看见并找到最有效的方法去达成目标，并以此获得他们想要（以及需要）的认可和奖励。他们有一种底层动力，希望别人因为自己取得的成就而认可和钦佩自己。他们高度专注、目标导向，常常会为了完成工作把自己的感受丢在一旁。

第二部分：九型智慧与情绪健康

2	心怀敬意	我从心底尊敬每个人（自己和他人）的愿景、希望和梦想，并在关系中践行
	深切关怀	我对自己和他人怀有深深的爱和慈悲
	感知力	我很自然就能感知并深度理解他人的情绪状态
3	呵护支持	我发自内心地愿意别人都幸福，全心支持大家活出最好的自己
	慷慨大方	我相当乐于共享自己的资源以便他人收益
	为人们服务	我无私地支持他人活得更好、更有尊严
4	讨人喜欢	我喜欢人们注意到我对大家如此关心和感同身受
	需要亲密	我与他人是亲密无间的——这对我来说非常重要
	恭维	为了让人们喜欢我，我会称赞其他人并表达仰慕
5	占有欲	为了保持跟他人的亲近以及被他人所需要，我会变得有催促性和让人窒息
	越界干预	在我不受欢迎或不被需要的场合，我会做出干预和介入，以确保自己在他人那里是重要的
	自我牺牲	我会过度承担义务，帮助的人太多最终却让自己感到负担沉重
6	骄傲	我认为别人都需要帮助，而我不需要
	妄自尊大	在帮助他人方面，我对自己起到的重要性自视甚高
	牺牲自我	由于我过分慷慨且没有限度的帮助他人，导致我自己的需求从未被满足
7	操纵	为了赢得我迫切渴望的外界关注，我十分擅长用操纵的技巧让事情如我所愿
	依赖、共生	为了让他人离不开我，我会控制一切大小事
	自欺欺人	哪怕当事人并不觉得，我也会欺骗自己，人们多么离不开我

图14：第二型的光影变化-从深度关怀到令人窒息

第三型人好像轻而易举就能把事情搞定。他们认可自己、感恩他人、非常真实,他们对待生活的精神态度就三个字——"我能行"。他们有极强的察言观色能力,知道在不同的环境怎样表现最合宜,知道需要怎样自我调整才能达成最好的结果。他们常常认为自己做的一切都会有好的结果;若结果真得不好,那只能说明这件事最开始就不该做,因为它注定不会有好结果。

不管是对待他人还是对待生活,第三型人容易把人当资源,而不是把人当人。通常,他们不会给自己的工作和私人生活设定界线。他们是24小时待命的职场精英,是抓住日常生活中的每个机会去教育孩子的父母,是那些太看重自己某个形象或角色以至难以做回自己的人。

第三型人常常把自己的外在形象看成是客观的现实。外在的呈现(面子)——他们的外表、做出的产品、呈现的样子,是唯一重要的事情。然而,在这种自信的外在呈现之下有一座情感的活火山。他们明明对生命充满热情,对很多事情都有深刻的感受,但他们却非常谨慎,不愿向别人展现自己真实的想法和真正的感受。在人际互动中,他们了解到自己内在汹涌的感受其他人通常也处理不了;而在工作场合里,他们又认为任何自我揭露都无疑是在政治自杀——想法、感情、价值观这些东西都太私人化了,于是也都变得无关紧要了。第三型人认为,如果自己曝光了自己私下生活的那一面,他们不仅再也无法取得成功,也无法令任何人相信他们充满价值、值得拥有一切。于是,处理感受唯一安全的方式只能是自己私下消化——虽然这会导致第三型人越来越孤独，但处理孤独比起处理人际间复杂混乱的亲密关系可容易多了。

就这样，第三型人同时生活在两个世界里：一个是在舞台中央的聚光灯下，另一个则是在与世隔绝的秘密孤岛上——在那里，感受隐藏在面具背后，失败隐藏在成功背后，脆弱隐藏在能干背后。他们太狡猾了，撒了个弥天大谎，骗了世界上所有的人。除非让他们最终能有利可图，否则他们绝不会揭露任何私下的面向。在这一点上，不管外界对他们有什么怀疑，他们都会谨慎地保持沉默。他们的"视线"被自己用"云雾"一层层遮盖，最后他们自己再也无法分清什么是真正的生活，什么是角色扮演；究竟什么才是真实，而什么又是欺骗。

第三型及其情绪健康的光影连续体

在更高的情绪健康层级，第三型人明白了自己的价值不仅仅来自于自己取得的外在成就，他们的存在本身和他们的外在成就一样都充满价值。他们引领他人，让人放松，为人打气。他们既能够看见他人的付出和价值、与他人分享成功和成果，他们也能看到自己在当中起到的关键作用。他们真正活出了价值，成为了所处文化和社会都认可的榜样和楷模。他们提升自我，努力成为更好的自己，竭尽全力去做最好的自己。除此以外，他们还是真实、真诚、真挚的，他们对自己充满信心。第三型人会不断调适自己，让自己既符合自己内在的原则，也符合外界的期待和要求。

当掉到更低的情绪健康层级，第三型人会过度竞争并自我欺骗。他们会倾向寻找捷径来达成目标，认为不必在意过程，只需要关注最终结果。他们凡事都想要人先，他们眼里只有成功和价值感。为了得到这些，哪怕要踩红线或是违规他们也愿意。健康层级较低的第三型人变得越来越在意自己的形象，为了给别人留下好印象，他们可以成为变色龙，在不同的环境里见人说人话见鬼说鬼话。他们投机取巧，经常向别人吹嘘自己是多么优秀，不惜夸大或谎报自己的财产、贡献和成就。

图15阐释了第三型在不同情绪健康层级人格的光影变化是怎样的。

第二部分：九型智慧与情绪健康

2	谦和	我热情、谦恭、善良，自在地生活
	令人钦佩	我怀着至高的敬意，真实真诚地活出本真的自己
	自我认可	我由衷感到自己充满价值，我发自内心喜欢自己的样子
3	引领他人	我很自然就能用以别人能够理解并深受启发的方式，来传递我认为重要的东西
	楷模	我拥有那些在我所处的文化和社会环境中广受肯定和赞赏的特质
	不断进取	我不断提升自我，激发潜能，希望能成为他人的榜样
4	寻求认可	因为自己的成就/成绩而被他人关注、认可和钦佩，是我前进的动力
	有效率	我非常专注并目标导向，为将工作完成，我会把感受置于一旁
	注重形象	我非常关心自己的形象以及给别人要留下好印象
5	竞争	我想成为人生赢家，因此在生活的方方面面我都必须比别人做得更好
	变色龙	我会调整自己的行为去迎合不同的情境，这样其他人就会对我有好的印象
	权宜之计	我会用简单的方法或者走捷径去把当前的事情搞定
6	自我吹嘘	我会滔滔不绝地谈论并夸耀自己，好让别人知道我多么优秀
	虚伪做作	我会夸大自己的贡献、成就、财富和生活方式
	抢功劳	我会将别人辛劳付出后应得的关注和赞赏据为己有
7	掩盖真相	为了维持自己的成功形象，我会隐藏事实真相
	欺骗	为了让人们相信我没有失误或失败，我会用谎言和欺骗去掩盖
	投机取巧	我会利用他人和时局去优先满足个人私利，完全忽略原则、标准和他人感受

图15：第三型的光影变化-从成就导向到投机主义

第四型：从充满创意到自我抑制

第四型人有一种不可思议的能力，能够看到别人没有看到的东西。他们有很好的审美观，也能很好地发现美。他们富有创造力，很真性情；他们很会表达自己，也很有自知之明；他们能够剖析并觉察自己。第四型人会全然沉浸地体验自己的感受和思维，并把这种深度的体验表达出来；他们也能帮助他人体验这种深刻的自我表达。他们拥有从自己平凡的经历中创造非凡意义的能力，他们也愿意把这分享出来让人们在更高的层面能彼此理解。他们有一颗宽广的心，对他人展现出真正的镇静——坦然接受此起彼伏的情绪，深刻而自由地表达它们，不会依恋亦不会拒绝任何的情绪。

天赋：第四型人的天赋是能够发现并欣赏周围的人、事、物中蕴含的真正的独特与美。

基本恐惧：找不到自己是谁，失去自己的意义。

应对机制：在爱情、关系和世界中，找寻理想中的完美。

第四型人的世界是以他们的情感为轴心转动的。在那个激烈而又私密的个人情感世界中，没有外人能够理解第四型人究竟经历了什么。第四型人是深情之人，他们认为拥有炽烈的激情才是活着的真谛。他们天性的敏感与对亲密关系的强烈渴望造就了他们想要被群体邀请、包含，也想要能够在自己的社群中包容进更多的人。他们会去体验极致的情绪感受：不管是光明、美好和梦幻的巅峰感受，还是低沉、黑暗和阴郁的沉重情绪，他们都愿意体验。关系中他们充满戏剧性的互动和回应方式都展现了第四型人对感受的夸大强调与关注。

第四型人常常会有想要通过视觉呈现、创意或表演等艺术创作形式来表达自己感受的需求。一般的言语太过平凡，普通的辞藻难以描绘出真正的美。他们喜欢与众不同的穿衣打扮，从事特别的工作，收藏不同寻常的东西。他们常常觉得必须要保持神秘感，以此营造一种氛围来吸引别人的关注。对他们来说，有自己的归属以及有自己表达的空间是非常重要的，在这样的空间里他们感到安全，在这亲密和充满尊重的氛围中，他们能够做真实的自己。

当第四型人的自卑感与他们对亲密关系的强烈渴求发生冲突时，他们会被一种不安全感淹没。他们担心自己被对方拒绝，担心亲密关系会跟那些更有趣、更有吸引力的人走，于是第四型人会紧紧抓住对方不放，变得占有欲极强。他们的担心最终演变成一种自我应验的预言，随之而来的失落感和孤独感造成他们必须重新创造和编撰每一个当下：他们不仅会"改编"自己当下的体验，还会"编辑"一整本历史讲述他人是怎么让第四型人失望的。他们会一遍一遍地分析过去，试图去理解并消除自己所承受的痛苦。他们觉得能找到一个与自己互相理解、心意相通之人才算真正开始过此生。

第四型人非常能够发现他人拥有的优秀品质和宝贵财富，却看不到自己的潜能和优势，他们常常会想要得到那些他人拥有了而自己失去的东西。他们生活在这样一种错觉里，认为只有在开启自己全部潜能、全然了解了自我以后，自己才能真正过好这一生。

不停与他人比较且只看见自己无法拥有的和已经失去的部分，第四型人放任自己的内在世界被强烈的悲观主义所主宰。这种消极悲观的态度让第四型人不管在什么项目和情境中，第一眼只能看到各种陷阱和障碍。如果凡事他们都做了最坏的打算，那么他们就能保护自己免受期待落空的失落。

第四型及其情绪健康的光影连续体

在更高情绪健康层级的第四型人能看见每个人身上独特非凡的品质。他们会分享自己的感受，并通过充满创意和支持能量的表达方式帮助其他人更深刻地感受。

当掉到更低的情绪健康层级，第四型人发现他们的独特和非凡并没有以自己想要的方式存在，为此他们倍感折磨和绝望——他们感觉失去了自己认同的身份，变得毫无价值。他们变得非常内向，会沉浸在自己的世界里（有些人会说他们是在给自己加戏）。在这种状态下，他们变得自我放纵且自怨自艾，等待有人来拯救自己。他们可能会患上心理疾病并且很快也会得身体疾病。在某些情况下，他们给自己加了太多关注，以至觉得自己再也无法接受被世俗的规则或大众的期待所束缚——他们过不了普通人的平凡生活。

图16阐释了第四型在不同情绪健康层级人格的光影变化是怎样的。

第二部分：九型智慧与情绪健康

2	真	我全然忠于自己、自己的身世和价值观，并深深地与这些连接在一起
	独具一格	我用与众不同、富有创意、充满个人特色的视角去看周围的一切
	发现美	对于美，我有强烈的好奇、深度的体验和由衷的赞叹
3	展现自我	我坦然分享对于自己来说比较个人和重要的内容，以增进彼此更好的理解
	艺术气质	我的创意和灵感源自内心深处，它们显示了我是谁以及感受如何
	感觉敏锐的	我能很敏锐地感受到身边的状况并相应调整自己的心态
4	浪漫主义	我被那些包容我、让我随心所欲、明白我内心独特渴望的人吸引
	富有审美	我被人、事、物蕴含的美吸引，这些美也会激发我的感受并加强我对自我的感知
	特别的	我希望别人认可并欣赏我的独特气质和品质
5	忧郁的	我在内心不断回放并重复过往的负面情绪
	不被理解	我不认为别人真正完全理解自己时，我觉得是自己不够、自己不行
	情绪无常	我莫名会情绪不好，还会要求其他人要尊重我情感的脆弱
6	自怨自艾	我会自怜自艾，寻求他人的同情
	嫉妒	那些我认为别人拥有而自己缺失的东西，我既耿耿于怀，又十分渴望
	过度敏感	我会过度反应、过度分析，并误认为他人的回应（或是不回应）都是因为我
7	受害者心态	我对一切都感到无能为力，这种绝望持续不断地加深我的受害者心态
	自我抑制	我对所有事情都没有办法投入，因此根本无力搞定生活中的一切
	麻木不仁	我失去了感受，并对周围的一切都漠不关心

图16：第四型的光影变化-从充满创意到自我抑制

"脑"中心：第五型、第六型和第七型

人群中你会发现还有第三类人，他们喜欢用自己的"脑力"来解构和分析自己所处的情境，运用自己的"洞见"找到他们想要的解决办法。这些脑中心的人在每一个要做的选择和决策中寻找安全感，用"洞见"帮助应对自己预见到的可能性。

脑中心关乎于寻找内在支持和内在指引。该中心的能量表现在：通过了解和整合信息来增加知识、增进了解；探询并了解阻碍前进的风险与潜在后果；对可能发生的事情保持热情和开放。脑中心很强的人是仔细思考、深刻反思的，他们把内在的指引与外在的发生关联起来；对于还存在哪些可能性，他们充满了好奇；对于应对未来的策略，他们有很多洞见。他们知道的越多，自己的安全感就越强；他们制定规划和解决问题的超凡能力让人记忆深刻。

我们通常会用来描述脑中心"线上"行为的词条包括：觉、天才横溢、充满好奇、机警敏锐、自立、共担责任、喜乐、热情洋溢和多才多艺。

当脑中心的人认为自己的安全感受到威胁时，就会掉到"线下"。他们底层潜在的恐惧会涌上来，并以以下三种方式中的一种表现出来：他们或向某种内在认可的权威/渠道求助，寻找并搜集越来越多的信息；或向被人认可/身经百战的权威大拿来寻求支持与确认；又或者，他们急忙（甚至疯狂）寻找其他快乐的方式作为替代，拒绝面对眼前的恐惧。充满智慧、深思熟虑和富有远见的他们，在线下的状态会变得情感隔离、自暴自弃和焦点分散。

第五型：从充满智慧到自我隔离

第五型人能够通过观察世界来理解万事万物底层的规律。他们有非凡的洞察力和理解力。他们是充满智慧、独立自主、思路清晰的人，能够牢记个中的细节并且不太容易会被传统认知事物的视角和方式所牵绊。他们思维敏捷、充满好奇、思考深邃，任何事情都逃不过他们的眼睛。第五型人心怀大慈悲。带着慈悲心，他们能够和情绪与感受同行，而不再会抽离到自己头脑营造的安全环境里。

天赋：第五型人的天赋是能够了解深层的意义和底层的关联，用理性的智慧给出深刻的洞察。

基本恐惧：无法胜任、没有用处、无能。

应对机制：搜集和分析信息并以此构建自己的知识体系和核心能力。

第五型人的优势在于他们能够从很多方面深刻地了解和领悟生命。他们能先迅速从事件中把情感剥离，然后直击生活难题、人际问题和复杂情境的核心——这种不带感情处理事情的思维逻辑虽然很精准，但有时会显得很不得体。因为不会被情感牵绊，他们很擅长委派任务、调解事情、协调外交和研究问题。他们也喜欢去有趣的地方"冒险或是度假"：躲在冷门目的地的夹缝和角落里，探索新知识，认知新领域——这些对他们来说是绝佳的学习机会，能够为自己的私人图书馆增添更多"凡夫俗子无从知晓的非凡知识"。

第五型人虽然对生活有深刻的感受，但通常他们不会表现出来。因为心底渴望被他人视为是有能力的、能胜任的，他们发展出了一套应对机制：搜集和分析信息并以此构建自己的知识体系和核心能力。他们专注于搜集、研究和观察，直到能够找出所有事物之间底层的关联究竟是什么。他们故意把情感隔离起来，这样情感就无法干扰他们对人事物进行逻辑、理性的评估。不管在日常生活里还是在解决问题时，他们往往会忽略人际关系和感情方面的问题。他们需要独处的空间和时间去思考和反思。不管自己掌握了多少人生知识，第五型人永远会觉得自己知道的还不够，觉得自己没办法直接参与其中或给出确切承诺——他们担心自己担不了对应的责任。

第五型人是内敛矜持的，他们会竭尽全力去寻求冷静客观的观点。他们常会给别人留下这样的印象：他们是讨厌被人打扰的独行侠或是情感冷漠的人。可事实上，第五型人常常会有不为人所知的孤独与暗自神伤的那一面，希望生活中能有个有趣的人出现在自家门口，按响门铃，来一次随性的拜访。他们可能不太会主动向别人发出这样的拜访邀请，因为他们害怕承受自己可能会被拒绝的痛苦。

第五型人通常机智、迷人、有吸引力，对别人是否喜欢自己非常迟钝。他们与众不同的人生态度和对生活的非凡见解令他们成为聪明有趣的谈话对象。他们喜欢固化自己离经叛道、甚至有点古怪的自我形象，有时还会以此作为自己不去提升社交能力和积极参与生活的借口。他们觉得自己作为一个人差得还很多，而拥有更多不为大众所知的知识、拥有更多独处的时间与独到的见解则能够弥补自己为人的缺陷与不足。他们有这样一种错觉,认为"知道等同于做到",自己知道怎么能过好人生就等同于自己已经过好了人生。他们希望别人眼中的自己是有智慧的,尽管他们略显优越的举止可能会让别人感到害怕甚至生气。

第五型及其情绪健康的光影连续体

在更高的情绪健康层级,不管自己是否洞悉一切,第五型人都对自己的能力有信心并乐于向前迈进。他们有好奇心、喜欢琢磨、会探索各种可能性。他们有很好的原创能力,会开创和整合出很多想法和点子。他们会去参加体育活动,好让大脑安静下来;他们也有意识地让自己不被越来越多的信息分散注意力;他们会与周围的生活建立真诚、直接的关系。

当掉到更低的情绪健康层级,第五型人变得更加沉浸在自己的思想和知识里。他们开始与自己的感觉失联,并把注意力全部集中在事件上。他们变成了孤岛,对情绪开始变得不敏感。他们这么做,虽然客观性仍然存在,但他们已经把情感和事实隔离,把感受和情绪丢在了一边——这样他们就能保护自己,并且维持住自己眼中那个"我是有能力的"自我形象。健康层级较低的第五型人还可能会死钻牛角尖:拼命想要琢磨出还能有哪些可能性与角度,可又完全不顾他人、不顾事实、也不顾自己的感受。

图17阐释了第五型在不同情绪健康层级人格的光影变化是怎样的。

第六型：从深思熟虑到违背自我

第六型人天生是问题终结者，在任何情境中他们都能发现潜在影响到自己和他人的风险、困难和关键问题，并且及时给出对应的解决方案。当他们发现问题、解决问题、把大事化小小事化了的时候，他们像守护"羊群"的牧羊人，一路保驾护航确保"羊群"安全。就这样，他们最终也获得了其他人（"羊群们"）的忠诚和承诺。他们知道，当团队中每个人都为团队贡献自己的一份力时，每个人也都会变得更好。他们会承担自己在团队中的责任，努力做到别人对他们的期待；他们相信团队其他人也会像自己一样这么做——这样就能够确保团队中每个人都在为更大的集体贡献自己的力量。

天赋：第六型人的天赋是能够积极支持并坚定致力于为他人、集体和崇高的事业服务，持续保障他人、集体和事业的安全。

基本恐惧：得不到支持和指引。

应对机制：警惕潜在的风险，为最坏的结果做准备，防范世上的危险（包括危险的人）。

第六型人是一群会非常认真对待自己承担的责任、十分重视信息掌握情况的人。小心谨慎深入到了他们性格和生活方式的方方面面。他们永远不会因为鲁莽的行为或粗心的想法而危及自己或所爱的人。第六型人致力于维护并传递良好的道德价值观，因为他们认为一个强大、健康的社会是以良好的道德价值观为基础的。

第二部分：九型智慧与情绪健康

2	觉	我会整合运用自己全部的感官和意识，提出伟大的洞见
	天才横溢	我会深入钻研可以用来钻研的一切，并逐步形成全新的、原创的观点
	充满好奇	我寻求去更多了解和探询的，是超越大众认知和预期的东西
3	富有洞见	我会给出深思熟虑后的回答和洞见，而不仅仅是数据和事实
	善于创造	我整合现有的想法和资料，然后发掘创造出更新颖、更有用的东西
	深入探究	我会好奇地探询还有哪些可能，并思考新颖的、与众不同的创意和见解
4	客观的	我会以理性客观的方式去学习并分享我所知道的内容
	善于分析	为了把事物弄明白，我会用逻辑和系统思考将事物拆解分析
	专精	我把精力专攻在少数几个领域，并在这（几个）方面获得专业精通和自信
5	抽离	为了不被影响，我会把自己从人、事和情感中抽离出来
	推敲猜测	我会持续不断地思考和推敲其他的可能性和见解
	隐藏自己	我不愿意谈论自己的私人生活，这样他人就无法干涉我
6	情感隔离	为了专注于客观事实，我会不顾自己的感受甚至隔离感受
	暗中破坏	我利用自己的知识间接地动摇别人的信心，让别人惶恐不安
	挑衅、颠覆	我热衷于贬低那些传统、常规的观点，而接受那些非主流于常人的想法
7	孤立、隔绝	我把自己同他人隔离，且我很难与他人连接、交流
	妨害阻挠	我处在一种一直对立反抗的状态，会否定一切与我的观点和想法不同的东西
	虚无主义	我不相信一切的现实、知识，也不认同所有既定权威

图17：第五型的光影变化-从充满智慧到自我隔离

他们内在有深深的不安全感，渴望被包容和接纳——这常常导致他们过分需要外界的安慰和私下的接触。他们通过严格遵守自己定义的道德来处理内在的不安全感——这会让他们变得固执己见，不愿原谅所有与自己持不同价值观的人。在他们的信念里，越是恐惧越是要谨慎——这使得他们在做决策之前必需收集足够的信息。他们有这样一种错觉：虽然生命是充满危险的，但他们可以通过充足的准备和负责任的态度把它变得安全。

第六型人选择的是责任与奉献之路。在人际关系、信仰和原则等方面，他们更愿意遵循传统——他们信守那些已经被证明有效的东西，而很恐惧尝试新事物会面对的风险。当他们选择忠于的集体是家庭时（通常会是家庭），不管是孩子怎么养育还是家庭要如何庆祝节日，他们信奉的"良好准则"会深入在家庭的方方面面。如果他们选择忠于的是其他集体，比如工作团队或是公司，那么这个集体的习惯、规定和价值观则会成为第六型人的价值观与行事准则的基础。

不管用直接的方式还是间接的方式，第六型人总是在询问和打听自己认识的每个人近况如何。及时了解其他人的个人情况有助于第六型人感到与他人的关系联结并没有中断，这也会减轻他们内在对被孤立或被冷落的恐惧。保持积极能够缓解他们的焦虑，因为这样就没闲工夫去听头脑里停不下来的忧虑和担心——在所有担心和焦虑中，不被集体或其他社群所接受是第六型人最大的焦虑，他们太需要有一个集体，在那里自己真正可以感到归属。他们需要不断有来自外界的明确安慰和确认，这样会令第六型人感到更加自信——觉得自己现在做得不错,觉得自己是被人喜欢的,觉得自己很受欢迎。如果没有这样的确认和安慰,他们则会越来越焦虑,到了某个点,他们甚至会对所有潜在的或想象中能够威胁自己安全感的事情都感到恐惧。

来说说他们轻松的那一面,因为第六型人想要把自己从日常的刻苦工作和全情投入中释放出来,他们每天或每周都会有欢声笑语的高光时刻。他们的日常举止常常洋溢着和蔼可亲的气质,这通常也成为了他们在社交场合的个人标志。然而,如果超过了他们能够容忍的限度,第六型人会出于觉得不被尊重或不被接受而恼羞成怒,变身铁面无情的硬骨头,在关系交涉中变得既固执又强势。

第六型及其情绪健康的光影连续体

在更高的情绪健康层级,第六型人信念清晰且坚定;在前进的过程中,他们深思熟虑、积极投入。他们自我肯定,信任自己和他人,是强有力的合作伙伴。无论遇到怎样的困难,他们都对自己很有信心,这种自信进而带来勇气、积极的思考和坚持到底的毅力。他们的刚毅和坚定激发出别人的忠心/忠诚。

当掉到更低的情绪健康层级,第六型人很容易就会被踩到按钮,反应强烈、质疑不断。他们很难克服焦虑,会开始自虐——越是害怕自己做不到,于是越做不到,形成了一个自我负面暗示的恶性循环。即使机会出现在他们面前,他们也可能会因为怀疑和焦虑而拒绝接受。当他们对自己或他人产生怀疑和不信任时,他们就会陷在自己头脑中的"委员大会",有各种声音、评判和焦虑。这种对事情过度反复的思考会导致怀疑、担心、焦虑和思维的混乱。

图18阐释了第六型在不同情绪健康层级人格的光影变化是怎样的。

第二部分：九型智慧与情绪健康

2	机警敏锐	我眼明心亮、觉知敏锐，会用行动让周围每个人都是安全、不受伤的
	自立	遭遇任何需要面对和克服的挑战，我都相信自己的能力
	同心同责	通过协同和引领他人，我会确保大家达成共同的愿景和承诺
3	坚忍	不管多么困阻和沮丧，我都坚持到底
	难题终结者	我会全角度考虑，准备好应对一切潜在问题
	乐于合作	我乐于与人合作，与大家一起承担实现彼此共同利益的责任
4	尽职履责	为了履行自己的义务，我会做别人希望和要求我做的事情
	寻求确认	我会向他人寻求确认，自己的方向和路径是否正确
	十分谨慎	在没有全面考虑之前，我会克制自己不要采取行动
5	担忧	对当前的处境和挑战，我会考虑太多然后变得焦虑
	犹豫不决	我无法决定怎么做才是最好的
	怀疑	我会怀疑并不断质询事情，这造成了持续的不安
6	悲观的	我总是认为最坏的情况会发生
	疑神疑鬼	我质疑别人的动机并倾向把人和事往最坏的方向想
	投射	我把自己的消极想法和负面情绪都归咎于别人，自己完全不为这些想法和情绪负责任
7	反复无常	人们无法预料每一刻我究竟会作何反应
	违背自我	我会做与内心渴望完全相反的事情，违背自己的利益并阻碍自己向前迈进
	感到恐慌	对风险我极度恐惧，思想被麻痹，以致无法采取行动

图18：第六型的光影变化-从深思熟虑到违背自我

第七型：从富有远见到焦点分散

第七型人为生命带来喜悦、热情和乐观。他们积极参与、多才多艺，他们愿意参与也致力于把事情变得更美好并促使结果更加正向积极。他们轻而易举就能做到各种各样的事情；他们从自己丰富的生命体验里，为他人提炼出切实有效的路径；他们有一种特别的能力，能迅速看到还有哪些可能性。因为他们轻易就能预见每种可能性之下未来的画面和样子，他们会迅速行动，把可能性变成现实。

天赋：第七型人的天赋是能够预见可能、赋予愿景并以此激励他人。

基本恐惧：被剥夺并陷入情感的痛苦。

应对机制：关注还有哪些选择和机会，计划接下来还能有哪些快乐的体验。

第七型人不愿意看到生命的消极面。他们给身边的每一件事、每一个人都带来了深深的、由衷的幸福和喜悦。他们发自内心感到满足，他们能够深深地品味和体验人生，他们对当下的一切都充满感恩。他们都是乐天派，认为世上没有不能解决的问题，不存在无法挽回的境地。他们喜欢回忆自己生命中那些积极快乐的事，他们也希望别人眼中的自己能跟第七型人自己眼中的自己一样是积极乐观的。

第七型人喜欢让别人参与到自己的计划和各项活动中来，他们会鼓励大家要尽情体验，也会激励大家把各自的潜力都投入进来。他们偏爱团队共同决策，喜欢大家一起承担责任。大家都喜欢身边能有第七型人这样的朋友，因为不管第七型人到哪里都能够给那里带来轻松愉快和幸福感。

对他们来说，将自己的想法付诸行动很难，而落实自己制定的计划则更难。如果需要落实的是他们制定的个人生活计划，则难上加难。第七型人有一种倾向，觉得自己没有能力处理好人生，所以他们会经常拖延、不愿意给自己压力必须把已经开启的事情完结。他们很难读懂别人的深层动机，于是索性在开始时他们就假设每个人都会做最好的自己；也正因如此，他们很容易轻信他人——他们会用社交魅力和愉快的心情来掩饰自己的无能感。他们活在这样一种错觉中，认为生命中所有情感的痛苦和悲伤都可以被消除，而他们消除痛苦和悲伤的方法就是遇事只考虑积极正向那一面，只做那些让自己感受好的事。

第七型人心底有这样一种动力：要保持所有的选择都是开放的，他们认为"最好的永远是下一个"——总有更多的机会去追求，总有更好的情况会发生。他们不会对任何一件事做出承诺，他们不断地寻找新的体验，对事物保持强烈而积极的兴奋。第七型人的大脑可以以每小时100英里的速度运转，思考的是各式各样能够让自己的生活更轻松更美好的计划和想法。他们发展出了很强的分析能力，也会被那些能够激发他们思维的人和环境所吸引。

第七型人非常乐于让别人感到愉悦和幸福。对自己深爱的家人和朋友，第七型人会给予一生的忠诚。有些时候因为很难直接表达自己的情感，第七型人总是会努力通过做一些善意体贴的小事向他人表达自己是多么关心对方——这种表达关心的方式展现了第七型人严肃、隐秘的那一面；但许多人对于第七型人做的这些，要么完全忽视，要么觉得理所当然。

第七型人倾向与人建立轻松的关系，这容易让人们忽视了第七型人性格深沉的那一面，进而可能会导致人们认为第七型人很肤浅。不过第七型人对自己肤浅不肤浅无所谓，只要对方愿意和他们一起去体验生活的积极面就好。他们这种人生态度可以概括为："只要你真的想要，世间没有体验不到的欢愉与快乐。"

第七型及其情绪健康的光影连续体

在更高的情绪健康层级，第七型人专注、自律、有创造力、富有成效。他们富有主见、多才多艺，他们在生命中丰富的经历和体验让他们有能力做成各种各样的事情。为了社群和他人的利益，他们会运用自己洞见和赋予愿景的能力看到还有哪些可能性，看到究竟要怎么做然后迅速采取行动。他们对自己拥有的一切都充满欣赏和感激。

当掉到更低的情绪健康层级，第七型人疯狂忙碌，根本无法放慢脚步。他们焦点分散，无法将注意力聚焦在任何一件事或一个人身上。他们可能会变得过分放纵却体验不到任何满足。被逼到墙角时，为了完成工作，他们可能会偷工减料、虎头蛇尾。他们对诚信、准则和正确的行事方式缺乏关注。他们极其不情愿去做任何有难度或者会让人不快的事情。他们有一种强烈的偏执，所有事情都只从积极正向的角度去看待和解读（哪怕情况一点都不积极正向）。他们可能会拒绝承认客观现实（逃避现实，只看自己想看见的部分）。

图19阐释了第七型在不同情绪健康层级人格的光影变化是怎样的。

	喜乐	我为周围的一切都带来深邃、由衷的幸福
2	热情洋溢	我乐于与他人一起创造各种美妙的可能，也乐于为他人创造各种美妙的可能
	鼓舞人心	通过自己慷慨的付出和从容的态度，我把积极乐观的精神带给周围的人
	技艺高超	我能做出高质量的工作，并能在同一时间出色地完成多任务、多项目
3	多才多艺	我能相当从容自信地做到各种各样的事情
	整合	我能把不同的思想整合在一起，进而产生创新的点子，整合出有趣的东西
	寻求多样性	我会寻找并尝试各种各样的选择和新奇、不同的体验
4	保有选择空间	我会不断寻找其它的机会和可能性，而不会做出承诺和保证
	正向重构	我会确保不管说什么，始终是用正向的角度去表达和阐述
	叛逆	我不把规则和界限当回事，因为我不喜欢被限制
5	玩世不恭	我面对困难和焦虑的方式是凡事都不必太认真，一切都可一笑置之
	过动	我总是很活跃，会一直寻找新事物去娱乐自己，以免感到无聊苦闷
	焦点散乱	我被各种想法、事物分散注意力，无法专注在一件事上
6	疯狂的	我疯狂地忙碌，无法放慢速度
	享乐至上	我过度沉溺于各种物质享受中，却依然感到不满足
	寻求快感	为了避免难过痛苦和责任承诺，我会寻求极端刺激和快感
7	逃避现实	我要确保自己绝不会遇到任何令人不快的情况
	放纵	我过着放纵堕落的生活，不给自己任何规范和限制

图19: 第七型的光影变化-从富有远见到焦点分散

从其它视角理解九型

鉴于人性的复杂性，九型智慧还可以从其它很多角度来理解也就变得不足为奇了。接下来的篇幅中，我们将分享其中一些视角以及它们与情绪健康的关系。这些视角不仅能够为我们进一步确认自己的主导九型类型提供额外的信息；更重要的一点，它们还为我们明确情绪健康的发展路径提供了更加坚实的基础。

霍尼群组（社交风格）：追求基本需求的满足

第一个补充的视角：每种类型的人会用怎样的方式来满足自己的基本需求。

一起来回顾一下不同中心的基本需求：对于腹中心智慧主导的人们（第八型、第九型和第一型），他们的基本需求是得到自主权；对于心中心智慧主导的人们（第二型、第三型和第四型），他们的基本需求是得到关注；对于脑中心智慧主导的人们（第五型、第六型和第七型），他们的核心需求是得到安全感。

我们通过对不同类型的探索有这样的发现：属于同一个中心的三种九型类型在许多方面都呈现出截然不同的特

质,其中之一我们称为"社交风格"的不同。共有三种社交风格(也被称为霍尼群组,心理分析师卡伦.霍尼于20世纪中期在其工作中有此发现),分别是"进攻"、"退缩"和"责任"。每个中心都有一种九型类型与其对应,具体对应关系如图20所示。

从图表中我们可以更清楚看出:人们虽然来自同一个中心、有着相同的基本需求,但他们满足核心需求的方式完全不同。

霍尼三元组	关注	安全	自主权
进攻	3号	7号	8号
退缩	4号	5号	9号
责任	2号	6号	1号

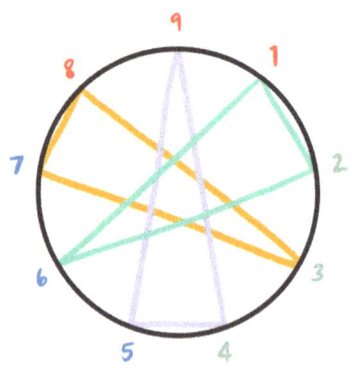

图20:霍尼群组与九型类型的对应关系表

第二部分：九型智慧与情绪健康

不管他们需要的是被关注、有安全感还是得到自主权，"进攻组"的人极其关注"要我所得"并不断向前。他们清楚自己想要什么并为之付出行动。第三型人会直截了当地寻求他们渴望得到的关注；第七型人则通过主动出击来赢得需要的安全感；第八型人为了"为自己而活"会毫无保留。

"退缩组"的人则会通过退缩或从人际互动中抽离的方式满足自己的基本需求。对第四型人来说这常常是矛盾的，他们通过充满创意的方式获取他人关注的同时也会保持自己精神的独立——就像那些舞台上热情洋溢舞台下却十分内向的演员。对第五型人，安全感来自于独处时的独立思考。对第九型人也一样，虽然他们可能更多是精神上的抽离而不是身体上的退缩。

"责任组"的人通过努力达成其他人希望他们做到的或者做到其他人要求他们做的事情来满足自己的基本需求。他们会把自己调频到自己周围更大的环境里——不管是社区、工作单位还是社会——去做到他们觉得周围需要他们做到的一切。第二型人通过把自己的关注给到他人以此来获得自己想要的关注。第六型人通过秩序与忠诚，通过遵守"我们这儿的做事方式"来寻求自己想要的安全感。第一型人通过带头去追求群体共同认同的目标或为之奋斗的理想来获得自己想要的自主权。

那么，情绪健康会如何影响我们的社交风格呢？

在较高的情绪健康层级（第3层级及以上），就像我们能够平衡地运用所有三个中心一样，我们也能够更好地调用每一种社交风格或者复合调用多种社交风格。在不同的情境中，我们可以有觉知地选择调用不同的社交风格。在高情绪健康的人们身上，我们不可能会看到他们有某种主导的社交风格。

在第4层级，我们的意识是这样运作的：我们清楚自己更偏爱运用的是何种社交风格，但根据场合的不同，有时候我们也能选择其他更合适的风格。通过敏锐的内在观察一般会发现自己对于其中两种社交风格的偏爱超过了第三种。

在第5层级，我们会主要使用自己偏好的社交风格（具体是哪一种与我们的九型类型相关）。我们可能知道还存在另外两种社交风格，但一般情况下却不太可能运用它们。

当我们的情绪健康层级下降到第6层级时，为了满足我们的基本需求，我们开始夸大运用自己所偏好的社交风格（具体是哪一种同样与我们的九型类型有关）。举例来说，进攻组（第三型、第七型和第八型）会要我所得，他们在第六层级时可能会是（至少看起来是）咄咄逼人、带有攻击性的。如果观察他们，你会很轻易就确认他们偏好的社交风格。我们的情绪健康层级越低，我们偏好的社交风格就会变得越强烈或越夸大。

不管是去觉察自己在不同时候用的社交风格究竟是哪一种，还是去觉察自己更依恋的社交风格是哪一种，抑或是学习如何能够开始整合运用另外两种不太擅长运用的社交风格，对于提升情绪健康而言都是有效的发展路径之一。

和谐群组：当我们的基本需求不被满足的时候

和谐群组提供了另外一个理解九型的视角。它们很好地补充了霍尼群组：霍尼群组描绘的是我们如何满足自己的基本需求，而和谐群组描绘的则是当基本需求无法被满足时我们会如何回应。和谐群组揭示了在面对缺失和沮丧时我们的人格会如何保护我们。

和谐群组包括"正面积极组"、"理性胜任组"和"情绪/应激组"三种（有被称为"情绪组"，也有被称为"应激组"）。与霍尼群组一样，我们发现每个中心也分别有一种九型类型与和谐群组中的一种对应——由于和谐群组与霍尼群组是完全不同的，它们各自与九型类型的对应关系也是不同的。图21呈现了和谐群组与九型类型的对应关系。

这样一来，我们便可以观察到来自同一个中心有着相同核心需求的人在面对基本需求无法被满足时会做出怎样不同的回应。

正面积极组会通过拒绝应对当前情况、最小化负面影响或是以某种积极的视角重构现状的方式来应对冲突和困难。这些策略使他们能够保持积极、正面的状态（却可能无法真正解决问题）。也许是想给自己营造得到关注的错觉，第二型人会努力把自己的注意力关注在别人身上；对于第七型人，正面积极是努力保持自己对外呈现的热情；而对第九型人来说，正面积极是不停念叨"内心平静，总会过去"的咒语。

和谐三元组	关注	安全	自主权
正面积极	2号	7号	9号
理性胜任	3号	5号	1号
情绪/应激	4号	6号	8号

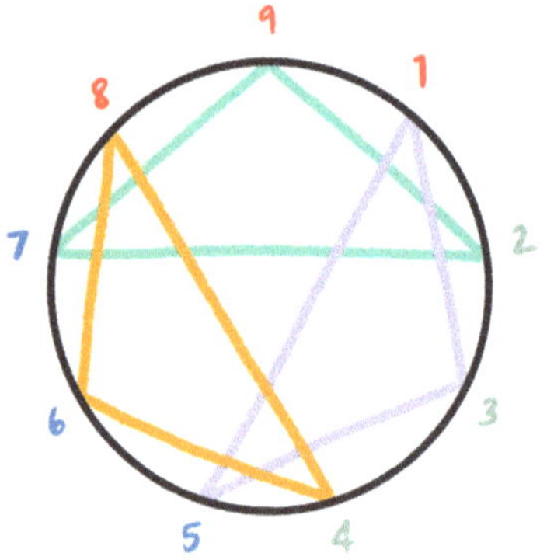

图21：和谐群组与九型类型的对应关系表

理性胜任组学会了用这样的方式应对困境：他们把个人的感受和情绪丢在一旁，努力表现出能够高效、客观并有能力去克服挑战的样子。对于第三型人来说，这意味着要把所有对自己声誉的负面影响都降到最低；第五型人则寄望于看得更广并积累更多的信息与知识；而第一型人往往会略微退到自己"公平"和"正确"的基本信仰后面。

第二部分：九型智慧与情绪健康

情绪/应激组会对冲突和难题做出情绪上的反应。他们很难抑制自己的情绪，激烈的情绪让他们感觉到难题或麻烦好像"真的存在"。他们想知道别人的立场是什么。第四型人可能会通过他们的创造力，比如艺术，来表达他们的情绪；而第六型人则能敏锐地察觉到对于他们表达出的情绪其他人的反应是什么。第八型人很少会抑制自己的情绪，他们通过情绪表达为自己充能从而更好地应对当前的情况。我们更喜欢用"真情实感/情绪化反应"这个词来形容这个群组，因为从情绪健康的语境下看这样命名更容易理解。当这个群组的人掉到线下时，他们会有"情绪化反应"；当在线上时，他们会更倾向于展现自己的"真情实感"——"真情实感/情绪化反应"一词包含了这两种状态。当这个群组的人在线上做出"真情实感"的回应时，他们清楚知道自己带来的情绪能量是怎样的，他们也希望从他人那里得到情感的回应。

从情绪健康的角度来看，通常当我们处于较高的情绪健康层级（第3层级及以上）时，我们往往会根据周围的环境与情境整合运用所有三种回应方式。我们三个中心的整合意味着我们是带着觉知在选择我们的回应，而不是被和谐群组的某种方式所控制。

在第4层级，我们的意识状态是这样的：我们清楚自己在基本需求没有被满足时回应的方式是怎样的，同时在某些特定情况下我们也选择用其他的方式去回应。就像霍尼群组一样，观察者能够识别出我们更惯用的是其中哪两种回应方式。

当我们被触发掉到第5层级时，我们主要运用和谐群组三种反应模式中的某一种来回应（具体是哪一种与我们主导的九型类型有关），很大程度上我们往往不再运用其他两种方式来回应。对于"真情实感/情绪应激反应"这个和谐群组中的人来说，他们的情绪释放更"应激"而不是更"真实"。

　　当情绪健康层级继续掉到第6层级，面对失去和失望，我们开始夸大运用自己偏好的和谐群组作为防御。作为人格防御机制的一部分，我们的情绪健康层级越低，这种防御反应也会变得越激烈或越夸大。

　　与霍尼群组组一样，不管是去觉察自己偏好运用的和谐群组是哪一种，还是去觉察我们什么时候会运用哪一种，抑或是学习开始如何整合运用其他两种和谐群组，都是提升情绪健康很重要的发展路径之一。

第二部分：九型智慧与情绪健康

类型的动态变化：压力点位与安全点位

我们现在开始探索九芒星符号中箭头的含义。箭头展现出了九型的内在动力运作，通过这些箭头我们可以了解自己在感到特别安全或是倍感压力时，我们的行为对应会如何变化。

图22中可以再次看到九芒星，这一次我们在图中还附上了每种类型在其情绪健康的光影两极会呈现的特质关键词。

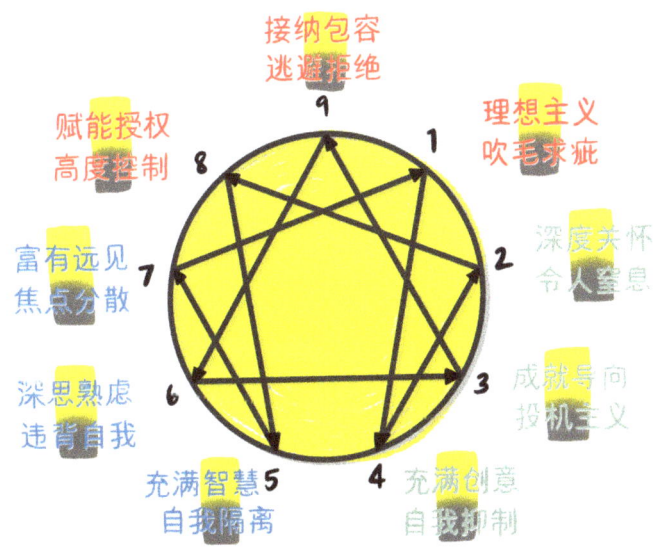

图22：九芒星及每种类型情绪健康的光影两极特质

111

"压力点位"

从你的基本九型类型（或主导类型）发出的箭头指向的是该类型对应的"压力点位"。这里的"压力"我们指的是：当人们觉得自己的基本恐惧就要发生时，他们会有怎样的行为。

让我们以第五型人做个示例（如图23）。前面介绍到第五型人的基本恐惧是"自己不能胜任、无用和无能"。当第五型人担心自己正在做的事情就要失败时，他们往往会有更像第七型人的典型行为。在一般甚至更低情绪健康层级的第五型人，他们很可能会表现出第七型人在较低层级时呈现出的"焦点分散"的状态。就像第七型人掉到线下一样，第五型人往往也会变得过动并无法集中精力。而在更高情绪健康层级的第五型人，失败的恐惧促使他们变得更富有远见——他们会放松对自我表现的高标准并且会寻找其它能起作用的解决办法。

图23：第五型人的"压力点位"是第七型

有一点值得注意：在我们进入压力点位之前，会因为当下已经感受到的压力而导致自己比"平常"所处的情绪健康层级往下掉一个层级。

相似地，当第一型人在压力点位时，为了克服自己对"我不够好、我有缺陷、我不对"的恐惧，他们往往会有更像第四型人的典型行为。在更高情绪健康层级的第一型人比起自己的类型通常呈现的样子会变得更有创造力；而一般甚至更低层级的第一型人则一反常态会变得自我抑制、自我设限。

你应该有留意到：最初导致我们掉入压力点位的问题或麻烦可以通过选择运用我们在压力点位对应类型的高层天赋来帮助解决。

"安全点位"

指向你主导类型的箭头尾端（即箭头的另一端）对应的则是你的"安全点位"。这里的"安全"指：当我们觉得自己的基本恐惧再也不会出现时，我们的行为会如何反应。

让我们再次用第五型人来做示例（如图24）。当他们感到自己是有能力的、有用的并且能胜任时，他们会感到安全。在这种情况下，他们往往更多会展现会出第八型人的典型行为，即他们会有从"赋能授权"到"高度控制"之间的行为表现。同样，此时的第五型人具体会有怎样的行为表现还是却决于他们所处的情绪健康层级。他们如果是在比较低的情绪健康层级，则会变得专制和苛刻；他们此刻若处

图24:第五型人的"安全点位"是第八型

于比较高的情绪健康层级,则会一反常态变得非常自信、赋能授权、想要保护其他人。

第一型人的安全点位在第七型(从"富有远见"到"焦点分散")——有趣的是,这同样也是第五型人的压力点位。当第一型人觉得自己不会触发内在对"自己不够好、有缺陷或我不对"的基本恐惧时,他们开始变得有更多像第七型的典型行为:在比较高情绪健康层级的第一型人会变得更富有远见,而在比较低情绪健康层级的第一型人则变得更加焦点分散且容易冲动(也就是说,他们放下了自己的一些完美主义倾向)。

第二部分：九型智慧与情绪健康

通过压力点位了解自己的九型类型

更加了解压力点位的动态变化也有助于你进一步确定你的基本/主导九型类型。

举例来说，如果按照本书第57页描述的流程开始觉察自己的九型类型时，你发现自己有两种类型都很强烈，那么现在分别沿着这两种类型的箭头方向去探索对应的压力点位状态（同时回想你自己在压力状态下的行为方式），就可能能够帮助你确认在这两种类型中自己到底更偏向哪一种。

假设你的第七型与第三型都很强烈。

我们知道第七型人的压力点位在第一型。当第七型人觉得自己"害怕被困在痛苦感受中"的基本恐惧被触发时，他们开始表现出很多第一型的典型行为。请记住刚刚说的这点，现在参照第73页所展示的第一型在不同情绪健康层级的光影连续体的描述（从理想主义到吹毛求疵），标记出其中哪些词条和描述最像你自己在压力状态下的样子。如果第一型确实是你的压力点位，那你很可能会在表格中找出很多与自己相符的行为并且这些行为通常都出现在情绪健康的第4层级到第6层级之间。如果通过进一步的回想，你非常确定自己在压力情境下确实出现过这些行为，那么第一型很可能是你的压力点位——也从侧面表明你的基本九型类型很可能就是第七型。

对比来看，第三型人的压力点位是第九型。当第三型人感受到自己"不配得、除了外在成就自己一文不值"的基本恐惧就要被触发时，他们会开始有第九型的典型行为。请记住刚刚说的这一点，重复上一节文字中描述的方法，对照第69页所展示的第九型在不同情绪健康层级光影连续体的描述（从接纳包容到逃避拒绝），同样标记出其中最像自己在压力状态下的词条和行为描述。数一数你选出的词条数量（同样，你选出的很可能都是情绪健康的第4层级到第6层级之间的词条），如果数量要远远多于你刚刚（对照第一型光影连续体的描述）选出的数量，并且经过进一步的回忆，你十分确定自己过往在压力情境下的行为表现都与这些描述吻合，那么这表明比起第一型来说，第九型更可能是你的压力点位——而这也从侧面表明了你的基本九型类型更可能是第三型，而不是第七型。

当然，你可以将这种对比的方法运用在任何一种你认为可能是自己主导的九型类型上。

请注意，虽然通过这一过程能够让你在确定自己基本九型类型的路上更进一步，但这个方法未必对每个人都奏效。我们发现有些人因为不愿让自己变得有压力，过着极其安稳的人生，他们很少会有掉入压力点位的情况。对于那些情绪健康层级很高的人，这个对比也不一定有效果。因为有着极高的行为自由度，他们对自己所处的情境能够用更多的方式去回应，所以比起其他人来说，他们往往更少会去到自己的压力点位。而另一方面，有些人因为自我觉察能力实在有限，他们很难搞清楚自己在压力状态下是否有行为变化，因此也无法辨别自己是否处在自己的压力点位上——这种情况在情绪健康层级比较低的人身上尤其常见。

还有一点要说明，探索"压力和安全点位"的方法只对帮助你确定自己的基本九型类型有用。当你在探索自己除基本类型以外的其他九型类型时，你不太可能会在自己身上看到符合其他类型在"压力点位"和"安全点位"状态下的行为和特征。

不同的本能习性

作为人类，"本能习性"（有时被称为"本能动力"）对于我们来说是很原始的一种动能。本能习性源自于我们的腹中心，对于身体补充能量来说它们起到了极其重要的作用。一共有三种本能习性，我们每个人也都拥有这三种本能习性。在情绪健康的一般层级，我们有一种主导本能，一种次主导本能，还有一种没有得到充分利用的本能。主导本能对我们的行为有很大影响，但主导本能与我们的九型基本类型之间却彼此相对独立。

这三种本能习性分别是：

- 自我保存本能

- 社群本能

- 性本能

自我保存本能主导的人对于得到并维持身体的安全与舒适有一种偏执。一进入房间，这些人就会注意到房间的温度如何，暖气在哪，食物和茶歇在哪边，哪个位置坐着舒服等诸多方面。如果当前环境有任何一个元素无法满足他们的需求，他们会迅速发表看法、给出意见。作为个体，他们一般不会向外界释放较多能量；事实上，其中一些人可能还会吸取房间里其他人的能量。

社群本能主导的人对于被他人喜欢和认可，对于在人群中感到安全有一种偏执。一进入房间，这些人就会注意到谁在和主人交谈，谁有权力或威望，以及谁可能能够帮助到他们。他们通常会在同一时间向各个方向都释放出能量，比如，他们会同时向一群人释放能量而不是向某个人释放能量。

性本能主导的人对于联结他人进而获得深度的关系和体验有一种偏执。一进入房间，这些人就会注意到最有吸引力的人是谁，最有趣的人在哪。他们非常注重一对一的关系，通常会把强烈而专注的能量直接释放给某一、两个人。

本能习性与所谓的"副型"是两个不同的概念。由于有三种本能习性和九种九型类型，于是有些作者把两者合二为一的产物描述成了二十七种副型（比如"自我保存型的第四型"，"社群型的第四型"和"性本能型的第四型"）。本能习性对每种九型类型的影响很大程度上来自于每种本能所带的能量与每种九型类型所带的能量究竟会如何反应。每种本能的能量与每种九型类型的能量既可能相匹配，也可能相冲撞。本能习性的其他特性对于每种九型类型也会产生不同的影响。

第二部分：九型智慧与情绪健康

本书对于每种类型的本能习性/九型副型不再做详细深入地描绘，这远远超出了本书的范畴（对于每种副型在不同情绪健康层级究竟会如何变化我们在此就不做更多讨论了）。大家可以阅读其他作者相关作品，对于这些主题他们早已做了深入显著的探讨。回到本书，我们将着重对本能习性的基本概念、它们对处于一般情绪健康层级的人们有哪些影响、它们与情绪健康层级的关系以及它们与提升情绪健康有何联系这几个维度做主要描述。

本能习性与情绪健康

与智慧中心类似，当处于更高的情绪健康层级时，我们往往能够更加平衡、整合地运用三种本能习性，而不是被某一种本能习性所主导。这种整合使我们能够更好地保持自己在高层的状态。

在情绪健康的第4层级，我们有调用全部三种本能的能力；可是，通常我们会发现自己有一种主导本能，一种次主导本能以及不太偏爱运用的一种本能。在应对不同的情境时，即使是我们最不偏爱使用的那种本能习性，我们也依然能够去整合运用它的天赋和机制。我们有足够的自我觉察能力支持自己做出这样的选择和回应。

在情绪健康的第5层级，大多时候我们都在认同并运用主导的那种本能。只有在那些我们认为真正重要的时刻，我们才倾向于运用其他两种本能来满足特定的需求。

在情绪健康的第6层级，我们开始过度使用我们的主导本能。只有当我们觉得只能通过运用部分其他的本能才满足自己的基本需求时，我们才可能会运用它们——我们自己可能意识不到自己在运用其他本能——这是人格的本能反应，不受我们的选择和控制。

如果想要提升我们的情健绪康层级，了解不同本能及其影响变得尤为重要。我们不仅要知道自己最依赖的是哪种本能，最不擅运用的是哪种本能，我们还需要清楚为什么自己会依赖这个、不擅运用那个。想要实现三种本能整合与平衡的关键就在于我们能够克服自己本能的模式和障碍——处在更高的情绪健康层级才能真正做到。三种本能的平衡使我们更加能够整合自己脑心腹三个中心的智慧并打破自己的行为模式。

不管是对每种本能的核心要素有更多的理解，还是把自己所学运用在自我的内在探索上（带来更多的自我觉察），每个人都有一套自己的学习方法。我们当然承认，有些时候通过阅读本能与每种九型类型的"化学反应"更容易帮助我们确定自己更像哪一种副型；但我们希望你能够谨记一点：不要对某些描述性的词句过于迷恋，这些文字不是来定义"我究竟是谁"的，它们是来帮助我们克服自己种种偏见和迷恋的。随着你的行为自由度越来越高，你的三种本能和九种类型都变得越来越平衡（当然，也就是你的情绪健康层级越来越高），你会发现不同副型所有的具体文字描述跟当下的自己好像都没关联。

第二部分：九型智慧与情绪健康

如何应对变化

对于拥有不同基本九型类型、分属不同脑心腹中心以及情绪健康层级的我们而言，就像霍尼群组与和谐群组、压力点位与安全点位和不同本能习性都会对我们产生不同的影响一样，生命中经历的变化也对我们每个人产生不同的影响。通常来说，人类都喜欢稳定。不管是人民币换了新版还是某个繁忙的路口绿灯忽然变成红灯，任何时候只要有变化发生，人们都普遍会油然而生一种反感——人们对变化的反感每天都在办公室、家庭和各种社会场景中上演着。社交媒体的出现使得这种反感情绪变得更赤裸裸，哪怕一个最小的变化也可能引发人们一连串的负面评论。

正如我们之前讨论过的，我们每个人内在都有一种基本恐惧，（在情绪健康的一般层级）这种基本恐惧驱使我们生成了一套应对机制。每当我们觉得变化就要来临、基本恐惧就要触发时，我们的应对机制就会启动。此时的我们还在努力评估基本恐惧会被触发的可能性有多大，而变化的突然出现则立刻让我们内在的警钟大作。我们经常会发现自己的认知背后有一个"沉默问题"——这是潜意识在测试我们准备如何应对变化。最终，我们对这个问题的答案决定了我们会如何应对变化。再次强调，由于处在情绪健康的一般层级，"问与答"的全部过程都是自动发生的。某些时候，这个"问与答"的过程甚至可能（不是绝对）会把我们推到自己的压力点位。

随着与生俱来的主导九型类型一起,"沉默问题"和应对机制也很早就存在于我们身上——它们影响着我们的思维、感受以及应对变化会采取的行动,除非我们能够不断对它们有觉察,否则我们一生都无法摆脱它们带来的影响。

在更高的情绪健康层级,因为拥有强大的内在观察者,所以我们能够看见自己面对变化时潜意识里升起的"沉默问题"。当我们不断觉察它并且接受它是我们应对机制的一部分,我们就能够转变自己理解和认知世界的方式并创造出新的方式与"沉默问题"互动。觉察带来选择——我们能够选择自己想要的内在状态!

下面简要总结了每种九型类型应对变化时的反应,包括每种类型的人持有的"沉默问题"以及他们会如何应对变化。

第二部分：九型智慧与情绪健康

第八型

在情绪健康的一般层级，第八型人在面对变化时可能萦绕的"沉默问题"是"到底是谁/到底是什么想要掌控我？"之所以会升起这个"沉默问题"是因为他们希望选定的路线能够受自己掌控——这样就不必担心自己接下来会受到伤害了。他们既不会全然向变化投降，也不会贸然与变化对抗。他们首先会抽身而出，仔细分析现状。当他们一旦确定了自己的路径，为了不再浪费时间，他们会积极地掌控各项事情；过程中，他们会摒弃自己的感受和脆弱，因为他们觉得感受和脆弱太碍事了。

在更高的情绪健康层级，第八型人会努力整合多元的观点和视角。他们希望找出这样一条路径——所有人都能够被赋能，不管是他人还是自己都有能力去顺应变化而不是抗拒变化。他们会看见自己应对变化时有很多的感受和脆弱，并且也会向其他人分享自己的感受与脆弱。

第九型

在情绪健康的一般层级，第九型人在面对变化时可能会倍感拉扯——因为其他人并不认同彼此应对变化的方式——于是第九型人默默地问自己："我真的想要搅进来么？"他们能够看到不同应对方式中的所有潜在优劣势，为了试着缓解紧张情绪（不管是他们自己心里的紧张，还是其他人之间的紧张）他们会倾听每一个人。

第九型人的怀疑和焦虑常常造成他们不停想象那些最坏的结果，没办法，他们只好寻找自身之外的指引和支持。拿到外界全部的信息之后，他们可能开始沿着一条路径向前走，结果越往前走他们发现自己压力越大——因为有人又给出了一个新的视角和路径。这种情况会令第九型人再次卡在自己的犹豫里，难以做出决定。

在更高的情绪健康层级，第九型人也会表达自己看到变化带来了哪些优劣势，他们努力想从自己听到的所有信息中找到这样一条路径——所有人的观点都能够和谐统一。他们能够调和不同的观点并找到共同认可的解决方案，同时也能够关注到应对变化的过程中自己有哪些需求和感受。

第一型

在情绪健康的一般层级，对于计划中的变化，第一型人的第一反应可能是看到当中所有的错误并且默默地问自己："我怎么能证明我才是对的？"对于如何向前应对变化，第一型人相信自己的观点通常是"最正确的"。他们认为自己不管在理性还是逻辑上"彷佛"都已走通了，所以其他人自然应该听取他们的计划。

对于第一型人认为的错误，不管其他人给出什么建议，第一型人都会质疑——认为其他人的建议都是没有经过深思熟虑就仓促提出的。他们希望其他人认真考虑他们（第一型人给出的）的意见；他们希望其他人提出有证据论证的担心，而不要只会"抱怨"变化或者瞎提建议。

在更高的情绪健康层级，第一型人知道不存在所谓的"完美计划"，知道比"完美计划"更有效的做法是引领他人穿越变化——而不是寄望于控制他人或者控制变化。他们对"所有的可能性都保持开放"，他们关注变化中还能达成什么，而不是关注变化中又有哪里不对。

第二型

在情绪健康的一般层级，第二型人可能会感受到变化将会给其他人带来什么影响，却常常忽视变化可能对自己有什么影响。应对变化，他们会立刻默默问自己："我如何才能帮助到别人呢？"。

应对变化时，第二型人总是把别人的需求置于自己的需求之前，却忽视了也要关照好自己的情绪与感受。第二型人认为，如果自己能先照顾好其他人，那么其他人最终也会来照顾好他们（第二型人）。但不幸的是，通常的结果却并不如他们所愿——于是第二型人觉得自己被孤立了，觉得自己"身心俱疲"。

在更高的情绪健康层级，第二型人能够用更加平衡的方式应对变化，他们既会关注到他人的需求，也会关注到自己、会把自己照顾好。他们会探询每个人对于变化有怎样的预期产出，他们会想办法增进彼此之间更多的协同共赢，而不是更多的独善其身。

第三型

在情绪健康的一般层级，第三型人会立刻抓住与变化有关的所有机会，同时默默地问自己："我怎样才能让你注意到我、注意到我在做的事呢？"别人甚至还没意识到有变化发生，第三型人则很早就为了抓住机会而采取了很多行动。

不管当下发生了什么，第三型人总是想让自己看起来是成功的——他们与现实和自己的感受变得失联，开始了"一个人的表演"。于是，他们无视自己和他人对于变化的反应和担心，最终会导致第三型人既精疲力竭，又不被重视。

在更高的情绪健康层级，第三型人既关注应对变化过程中的效率和结果，也关注自己和他人在这当中的健康与幸福感。现实的截止日期、顾问视角考虑变化的"What和How"、被看见的努力与被认可的成绩在他们身上都有机地展现出来。

第四型

在情绪健康的一般层级，第四型人在应对变化时可能会默默问自己："为什么没有人重视当前情境中的感受和情绪呢？"他们指着过往被变化深深影响的组织或社区，想要强调其中的人们（其实说的是他们自己）其实不懂自己的渴望。他们会大声疾呼：是时候运用更有创造性的方法来解决出现的问题了！

他们表达的想法往往是情绪夸大的、充满戏剧性的，对此其他人常常会感到很困惑——第四型人根本没有讲清楚自己所说的解决方案具体是怎样的，他们也没说明白接下来究竟要怎么做。第四型人应对变化的方式更多是在表达"啊，都没有人懂我"、"啊，我都没有机会展现自己应对变化的创意和能力"。

在更高的情绪健康层级，第四型人会以一种清晰且冷静的方式体验和表达自己的情绪，他们也会鼓励其他人更加开放和舒适地分享自己体验到的一切。为了帮助其他人拓展思维，看到变化还带来哪些可能，看到为了获得个人、组织或社群的成功大家还能怎样更好地工作，第四型人会用充满创意的方式来应对变化。

第五型

在情绪健康的一般层级，第五型人会从与应对变化有关的对话中抽离，默默地问自己："我还需要知道些什么？"他们会（一个人）反复思考当下有什么问题，会产生什么结果。不管有没有变化，第五型人都想要让自己保持是有能力的、能胜任的——这使得第五型人需要远离所有的感受和脆弱（不管是他们自己的还是他人的）。

也正是因为如此，第五型人可能会被他人看成是冷酷、淡漠、不关注别人需求和感受的人。应对变化时，第五型人越是想通过给出专业的知识来向他人展示自己的能力，越是会强化大家眼中第五型人的冷酷与淡漠。

在更高的情绪健康层级，第五型人为了与他人全然联结在一起，会与大家分享自己的时间、空间、知识以及与变化有关的故事。人们会了解到关于如何应对变化第五型人看到了哪些难点。第五型人分享给大家的知识和专业技能也帮助大家发现变化带来的机会并找到应对变化的方法。

第六型

在情绪健康的一般层级，遇到变化时，第六型人往往想知道那些已经做出决定的人心里究竟是怎么想的（真正的动机是什么）。他们会默默地问自己："我会一直都OK么？"为了确认自己这么做并没有问题，他们会反反复复核对自己先前被给到的信息。

他们不断质疑、防卫、评判当前的各种做法与流程，导致其他人拒绝再让第六型人参与到应对变化的规划中来。这种拒绝反过来又加剧了第六型人对变化的警惕——为了不被打个措手不及，他们会设想变化可能会造成的各种情况并不断寻找每种情况的解决办法。卡在自己的思维里，他们变得越来越猜忌，头脑越来越混乱——变化于是也就变得让第六型人越来越难以承受、越来越有负担。

在更高的情绪健康层级，第六型人既有能力应对人生的挑战，也能看到应对变化有哪些解决方案、分别能达成怎样的预期效果。他们主动为发起变化的人解决各种难题，为了能把变化有效落地执行，他们也会把不同的场景和视角整合在一起。

第七型

在情绪健康的一般层级,第七型人应对变化时会默默问自己:"我怎么才能到下一Part?"大概已经厌倦了现在的陈规惯例,他们很快就发现变化会带来让人兴奋、觉得有趣的可能性。

他们既不想被限制在某个具体的角色里,也不想很快就不得不去面对无趣的体验,于是对于到底要如何应对变化,第七型人源源不断往里面加入自己发散的想法。他们一边不断往里面加入自己的想法,可另一边,他们既不愿意承诺会采取行动,也不愿意去制定自己接下来的计划——这让其他人看来,第七型人实在是焦点分散、没有承诺度、缺乏责任感的——第七型人虽然描绘了激动人心的未来,可是他们早已经失去了引领他人共同实现这个未来的机会。

在更高的情绪健康层级,第七型人不仅能够为所有变化提供富有创造力和远见的思路,还能确保所有的思路既令人兴奋又切实可行。即使是变化中那些更无趣的方面,第七型人也能够很好地融入。他们不仅会关注变化要如何落地,还会鼓励并影响更多的人一起加入进来共同去落实变化、实现可能。

第三部分：
提升情绪健康的路径

本书伊始就向大家介绍到九型人格是支持人们自我成长的强大工具，它帮助人们更好地自我探索并实现纵向发展。借助九型，无论是对自己的性格、行为与情绪健康，还是对自己与他人及世界互动的方式，我们都能对自己有更多洞见。我们相信前面的内容已经让你有了这样的期待：希望自己能够平衡地运用全部九种类型的智慧。如本书第二部分所言，这也是所有人提升情绪健康的终极发展目标。

当然，只有"期待"是无法提升自己的情绪健康层级的。我们无法单凭"期待"就能让自己在大多数时候（甚至每个当下）真正做到"在线上"。提升情绪健康的关键在于：

- 能够发展自己的内在观察者，越来越能够觉察到自己的自动化反应以及反应会对外界有哪些影响。

- 能够了解自己行为之下的动机与心理动力，清楚自己在各种情境下的起心动念——不管是在平时还是在自己感到压力或安全时，抑或是自己的基本需求无法被满足时，我们都清楚自己的内在发生了什么。

- 能够做出充满觉知的选择与行动，不断朝着自我中心程度更低、行为自由程度更高的状态成长，尽可能运用"全人思考"，尽可能保持"临在"。

自我成长的路径一般分为两种：一种心理上的，一种身体上的。

之后一章将首先着笔于心理成长。想要实现心理上的成长，我们需要了解自己的心理是如何运作的，尤其要清楚自己的人格有哪些模式。

书中前文有提到，我们必须"突破旧有思维和认知的限制"，否则无法对自己的纵向有任何实质性的发展。换言之，我们需要认识到有哪些会卡住自己的模式，要能找到方法避开这些模式或者改变这些模式。若想做到这些，我们首先要清楚自己的人格是怎么构成的——我们在本书的第一部分和第二部分中有具体的描述。

我们开始时针对每种类型提出的成长建议可以帮助你找到自我成长的第一步。第二步则需要我们能够从更高的角度理解自己的思维、感受和行动背后底层的动机与心理动力之间有怎样独特的关联运作模式，找到关联运作模式之下自己的应对机制——因为找到应对机制某种程度就等于找到了成长的路径。

第三部分：提升情绪健康的路径

想要做到这些，需要我们能够把九型人格的其他视角复合起来去理解，这些视角包括：霍尼群组与和谐群组，压力点位与安全点位，本能习性以及不同九型人格类型会如何应对变化。之前你可能认为自己的基本九型人格类型中有一条"标准"的成长路径，而现在不同视角的加入把这条路径又变得有些"模糊"——因为它们带来了更多的成长路径。另一方面，每一个类型（尤其是与自己的主导类型有箭头连线的类型）都值得从复合的视角去探索它们，这会让我们更加清晰自己还有哪些成长路径。最后，下文中任何你觉得自己身上也有的应对机制我们都鼓励你去关注并深入探索，而不是只关注那些与自己感觉强烈的九型类型相关的内容。

再在之后一章的标题为"脑心腹三个中心的不平衡运作"。在这一章里，我们将更加深入地探索每种类型的脑心腹三个中心是如何运作的，在不同的情绪健康层级运作会有哪些变化，以及如何从这些知识中提炼出更多的成长路径。

心理成长
打破卡住自己的模式

将我们的思想、感受和意识带入"临在的觉知状态"是我们面临的最大挑战之一。当我们能够觉察自己内在的起心动念与外在的行为模式时,我们也就得到了改变自己思维、感受和行动的力量。当我们不断自我觉察并能够有效运用自己的内在观察者时,我们就能清楚地知道自己会对周围的人有怎样的影响。

当你开始踏上自我成长之路,当你开始去了解自己的起心动念和行为反应,你会发现自己的觉察会变得越来越深。也就是说,当你开始对自己有更多批判性的自我反思,你会发现有越来越多的模式自己想要去改变和打破。

想象一下你现在走进了一个很大的房间,里面有很多关上的门。每当你打开一扇门,你都会发现一个自己想要去改变的行为或模式。这一切似乎都是可控的,直到你打开最后一扇门,发现自己走进了另一个更大的房间——这间房间比上一间要大得多,里面关上的门也多得多。

意识到自我提升的空间是永无止境的可能会让你觉得难以承受，但你需要明白，现在你之所以看到有更多扇门要去打开，是因为你的自我觉察水平（意识层级）来到了一个崭新的层次，一个更高的层次——让你能够看见更多过去没有看到（其实是过去无法看到）的成长机会。

我们鼓励你找一个能够与你对话、能帮助你探索自己的搭档作为成长路上的助力。理想情况下，这个人最好是自我成长路上的同伴，或者是已经穿越过很多卡点的前辈（也可以联系我们，我们会推荐一个这样的人给你认识）。虽然有越来越多关闭的门出现，我们恳请你一定不要停止探索。请放心，你的努力一定是值得的。

第三部分：提升情绪健康的路径

第八型心理成长指南

"我用介入得到掌控。"

我们把到目前为止所有与第八型有关的内容概括如下：

天赋	第八型人的天赋是能够用人类真正的勇气和力量去面对遭遇的一切。有这种天赋的人足智多谋、决策果断、自力更生，能巧妙而有效地处理困难情况，绝不会退缩和放弃。
基本恐惧	害怕被他人侵害和控制并因此变得脆弱
应对机制	不遗余力、竭尽所能去保持自己的强大并掌控自己与他人的人生
智慧中心	腹中心
基本需求	自主权
霍尼群组*	进攻组
和谐群组†	情绪/应激组
压力点位	第五型（从充满智慧到自我隔离）
安全点位	第二型（从深度关怀到令人窒息）
沉默问题	"到底是谁/到底是什么想要掌控我？"

*他们会如何满足自己的基本需求
†如果基本需求没有被满足会如何回应

像其他所有类型一样,第八型人的个性也会进一步被本能习性(自我保存本能、社群本能和性本能)所影响,本能习性是独立于其九型类型及所有上述要素之外的存在。

当然,不同情境下第八型人的具体行为和回应取决于他们当下的情绪健康层级。

提升第八型人的情绪健康

现在让我们来看看,对于第八型人而言提升情绪健康层级到底意味着什么。

我们知道,第八型人在情绪健康的一般层级容易想要去掌控。他们觉得"我比所有人都强大,我要掌控周围的环境和人。"他们直来直去,有很强的控制欲,有些人可能会说他们"专横"。

你能够在第八型人的行为中看到:为了满足自己拥有自主权的基本需求,他们会采用"进攻组(霍尼群组)"要我所得的方式——"我要掌控";当他们觉得自己被别人掌控了,他们会有应激的情绪反应(和谐群组);在压力点位时,他们会隔离自己的情感,用尽一切办法想要维持自己的掌控。他们应对变化的方式中显露出他们对于自主权的需要,"为了不被掌控,我要掌控一切。"

相反,情绪健康层级更高的第八型人能够放下对控制的需要。他们依然有能力把事情搞定,他们在搞定事情的时候会积极为他人赋能,他们也能够看见自己的感受和局限。他们非常擅长在过程中为他人赋能并最终达成预期的结果与目标；他们也善于后退一步留出空间，好让别人可以向前迈进。高情绪健康的第八型人非常擅长以团队协作的方式完成任务，过程中他们也会一直帮助团队构建自信。

作为第八型人，若想要开始去提升自己的情绪健康层级，你必须重新找回自己柔软的那一面，把柔软付诸在自己的行动中——这对你拥有长期的幸福感尤为关键。你需要向他人分享自己的脆弱，需要相信其他人有能力掌控好各种情况。你还必须学习对他人的意见予以接受和回应，而不是自己立刻单方面直接采取行动。

具体的行动建议包括但不限于：

- 在做出反应或采取行动之前，练习暂停/暂悬。

- 练习真正的倾听与沟通，不断提升自己倾听和沟通的能力。

- 先考虑战斗可能会带来的风险与后果再决定是否要与人开战；注意不要因为一点小事就与人开战。

- 练习请求允许，避免一言堂或一意孤行。

- 谨慎地引导并运用自己的激情和能量。

- 自在地展现自己脆弱的一面；慈悲心和同理心是力量的源泉。

非第八型人怎样增强自己的第八型能量

如果你对第八型没有太多联结，那么你需要通过以下的方式提升自己的第八型能量：培养自己"介入"事情的能力，既不要犹豫，也不要一直按照别人的反馈去做事情，需要做什么就直接去做。第一个动起来，主动出击而不是被动等待，留意自己很快就把事情搞定的时候自己的感受是怎样的。

开始时要确保自己头脑中已经有了"更大的画面"——清晰想要达成的目标和预期产出，明确可能会对组织产生的影响；然后再倾注自己全部的才能把画面实现。

第三部分：提升情绪健康的路径

第九型心理成长指南

"我用融入获得平静。"

我们把到目前为止所有与第九型有关的内容概括如下：

天赋	第九型人的天赋是能够为一切赋予和谐、带来和平。他们充满耐心且极具外交能力。他们能找到共同的基点和解决方案，会从多元视角看待问题，能把相关方协调在一起就问题展开对话。
基本恐惧	失去自我或与整体分离
应对机制	内在遗忘自我，外在寻求归属感
智慧中心	腹中心
基本需求	自主权
霍尼群组*	退缩组
和谐群组†	正面积极组
压力点位	第六型（从深思熟虑到违背自我）
安全点位	第三型（从成就导向到投机主义）
沉默问题	"我真的想要搅进来么？"

*他们会如何满足自己的基本需求
†如果基本需求没有被满足会如何回应

像其他所有类型一样,第九型人的个性也会进一步被本能习性(自我保存本能、社群本能和性本能)所影响,本能习性是独立于其九型类型及所有上述要素之外的存在。

当然,不同情境下第九型人的具体行为和回应取决于他们当下的情绪健康层级。

提升第九型人的情绪健康

现在让我们来看看,对于第九型人而言提升情绪健康层级到底意味着什么。

第九型人在情绪健康的一般层级往往是随和的、中立的、迁就他人的,他们比较喜欢回避冲突。"虽然我并非真得想要那么做,但我还是会屈服于人并且为人效劳。"他们不会期待要有任何特定的结果,他们有拖延的习惯,也会犹豫不决、优柔寡断。

你能够在第九型人的行为中看到:他们会采用"退缩(霍尼群组)"的方式来满足自己希望拥有自主权的基本需求;当退缩并没有让自己得到自主权时,他们会变得只看正面积极的那些方面(和谐群组);在压力点位时,们会变得自暴自弃,一筹莫展。他们应对变化的方式中显露出他们对于自主权的需要,"我一点都不想被搅进变化里。"

相反,高情绪健康的第九型人不管在哪都可以做到比较自在,有一种四两拨千斤的力量。他们可以为一切情境赋予和睦与和谐。他们不再需要退缩回自己的世界,与其他人一起协同与合作也可以让第九型人感到舒服和自由。

第三部分：提升情绪健康的路径

他们重视其他人付出，他们接纳包容一切，他们会调停不同的声音并找到一致的意见。他们是坚定不移的，他们内在有决心能有建设性地克服各种挑战，而不是像低健康层级的第九型人通常拒绝接受挑战。

作为第九型人，若想要开始去提升自己的情绪健康层级，你必须学习去表达自己的想法、需求和喜好，即使当别人的想法可能与你有冲突的时候，你也依然要表达自己。你需要变得积极进取、要我所得，而不是消极被动地行动。带着"差异让人们联结"的想法，学着拥抱冲突并直面冲突。

具体的行动建议包括但不限于：

- 把要做的事情按优先级排序，然后把时间花在优先级最高的那些事情上。

- 告诉别人……，明确表明立场，给出观点，做出决定，给出清楚的指导。

- 不要一味道歉，也不要质疑自己是否有评论的资格——有啥说啥，具体一点，直接一点。

- 不要为了别人的问题而让自己过度付出。请搞清楚，这到底是我的问题还是他们的问题？

- 要把你的注意力收窄一些——不要只看未来大画面而忽略现状，"请靠谱一点"。

- 接受荣誉、行使权力、承担责任——不要随便就把这些丢给别人。

非第九型人怎样增强自己的第九型能量

如果你对第九型没有太多联结,那么你需要通过以下的方式提升自己的第九型能量:培养与周围世界扎根以及与周围的人联结的能力。学习去倾听和欣赏人们对于某个难题、话题或观点的多元看法,找到其中能把大家团结起来共同向前的线索。

你可以试着用不预判、不评判、不打断的方式去倾听他人——看见对话中的每个人都做出了自己贡献——向人们分享你听到对方表达了哪些内容,以及这些内容对你当下有哪些启发和影响。

第三部分：提升情绪健康的路径

第一型心理成长指南

"我用评价进行批判。"

我们把到目前为止所有与第一型有关的内容概括如下：

天赋	第一型人的天赋是能够明辨究竟什么是良善、公平、正确和正当。
基本恐惧	自己不够好，自己有瑕疵，或是自己错了
应对机制	不断发现问题并想要去改正它们；完美主义倾向
智慧中心	腹中心
基本需求	自主权
霍尼群组*	责任组
和谐群组†	理性胜任组
压力点位	第四型（从充满创意到自我抑制）
安全点位	第七型（从富有远见到焦点分散）
沉默问题	"我怎么能证明我才是对的？"

*他们会如何满足自己的基本需求
†如果基本需求没有被满足会如何回应

1

像其他所有类型一样，第一型人的个性也会进一步被本能习性（自我保存本能、社群本能和性本能）所影响，本能习性是独立于其九型类型及所有上述要素之外的存在。

当然，不同情境下第一型人的具体行为和回应取决于他们当下的情绪健康层级。

提升第一型人的情绪健康

现在让我们来看看，对于第一型人而言提升情绪健康层级到底意味着什么。

我们知道，第一型人在情绪健康的一般层级往往觉得自己是有义务的：他们会注意到自己的缺点，总是觉得需要做更多的事情来提高自己；他们总是自我评估自己的行为，想要自己是"可被接受的"。"我必须更加努力，不管是自己、他人还是世界，我要让一切越来越好。"

你能够在第一型人的行为中看到：他们会采用"责任（霍尼群组）"的方式来满足自己希望拥有自主权的基本需求；当没有得到期待的自主权时，他们会变得理性胜任（和谐群组），会努力去做他们认为正确的事；在压力点位时，对于自己不够好这件事情，他们觉得很压抑，情绪会变得很戏剧化。他们应对变化的方式中显露出他们对于自主权的需要，他们期望大家都能听取他们（第一型人）的建议。

高情绪健康的第一型人知道正确的方式不止一种，他们明白每个人眼里的完美各不相同——这让他们内在充满柔软和弹性。他们是不带评判的，他们拥抱每一个能够更好理解他人观点的机会。当第一型人的良知和原则被越来越多的人接受，对于如何创造出一条完美的前进道路，他们也带来了全新的方式方法。

作为第一型人，若想要提升自己的情绪健康层级，你必须学习接纳一切不完美，而不是努力去把一切都变得完美。你需要学习放下对细节的过分关注，放下自己对于一切都要井井有条的掌控；你需要练习使自己多一些灵活和放松，少一点反应和评判。

具体的行动建议包括但不限于：

- 做一个榜样，而不是一个批评家。

- 在给出改进建议之前，先确认一下当下的情境是否适合。

- 表达自己。不要压抑你的感受。

- 欣赏混乱、错误和瑕疵的完美——它们是创新和创意的发源地。

- 问问自己：我究竟是想做正确的事，还是想取得成功的结果？哪个更重要？

- 学会识别你内在判官的声音，学会质疑它的"权威"。

- 把你的内在批判转化为内在教练。

非第一型人怎样增强自己的第一型能量

如果你对第一型没有太多联结，那么你需要通过以下的方式提升自己的第一型能量：反思对自己重要的是什么？反思生命中什么是自己绝不会妥协的？当你探索这些时，你对自己的为人原则和处事方式会有更多的了解，你也能更好地理解自己的为人原则和处事方式会给自己和他人带来什么影响。

你可以从关注自己擅长什么、自己带来了什么、自己贡献了什么开始，而不是专注于自己还有那些地方需要改进。看见自己已经做出的贡献将使你专注于如何从做得不错到做得更好，而不是专注于如何才能让自己做得有所不同。

第三部分：提升情绪健康的路径

第二型心理成长指南

"我不断地为他人付出。"

我们把到目前为止所有与第二型有关的内容概括如下：

天赋	第二型人的天赋是能够深度与他人共情，真诚无私、身怀慈悲地服务他人、满足他人的需求。
基本恐惧	不被爱、不被需要
应对机制	把注意力焦点放在他人的需求上，认为只要通过付出满足了他人的需要并且自己被他人需要，那么自己的需求就被满足了
智慧中心	心中心
基本需求	关注
霍尼群组*	责任组
和谐群组†	正面积极组
压力点位	第八型（从赋能授权到高度控制）
安全点位	第四型（从充满创意到自我抑制）
沉默问题	"我如何才能帮助到他人呢？"

*他们会如何满足自己的基本需求
†如果基本需求没有被满足会如何回应

像其他所有类型一样，第二型人的个性也会进一步被本能习性（自我保存本能、社群本能和性本能）所影响，本能习性是独立于其九型类型及所有上述要素之外的存在。

当然，不同情境下第二型人的具体行为和回应取决于他们当下的情绪健康层级。

提升第二型人的情绪健康

现在让我们来看看，对于第二型人而言提升情绪健康层级到底意味着什么。

在情绪健康的一般层级，第二型人往往在他们"需要被需要"的模式里变得占有欲极强。他们希望自己对于别人是重要的，在追求这种重要性的过程中，他们可能变得咄咄逼人，同时也可能会自我牺牲。"我给自己很大的负担——要帮助的人太多，最后自己也倍感沉重。"

你能够在第二型人的行为中看到：他们努力想要用"责任（霍尼群组）"的方式来满足自己希望得到关注和（或）认可的基本需求；当别人释放希望他们走开的信号时，第二型人会只看积极正面的那一面（和谐群组），继续寻求对方的关注；在压力点位时，为了让自己能够更显眼、更被人看见，他们会变得"高度掌控"。他们应对变化的方式中显露出他们对于需要被关注的基本需求，他们会忽视自己的感受，自以为是的认为当下的变化让其他人更加需要他们（第二型人）的关爱和关注。

高情绪健康的第二型人意识到虽然与他人有紧密的关系很重要，但过程中要把自己照顾好也同样重要。他们知道自己的价值无法通过依附于其他人的喜欢和爱而得到。他们依然有很强的动力去呵护和照顾他人，通常他们好像轻而易举就能把别人呵护得很好——高情绪健康的第二型人常常被认为是天生的教练。与一般层级的第二型人不同的是，高层状态的他们对他人有发自内心的、真挚热忱的兴趣与关心，而不再是把自己的需求伪装在对他人表面的关心之下。

作为第二型人，若想要提升自己的情绪健康层级，你必须学会保持与自己的联结。你需要学习去识别自己的需求和渴望，更多关注放在如何照顾好自己，而不是迎合你眼中他人的需要。你必须学会辨别自己的付出什么时候是恰当的，什么时候是越界的。

具体的行动建议包括但不限于：

- 如果人们对你给的帮助没有回应，请后退一步然后走开；不要想当然的认为只要自己加倍付出最终都会被人们感谢。

- 只有在你真正想要帮助的时候才提供帮助——不要再记人情账了。

- 表达自己的需求——不要假想其他人能够像你读懂他们一样也读懂你。

- 花点时间考虑自己需要什么以及如何照顾自己。

- 学着接受赞美,不要小看它的力量。

- 认识到并不是所有的问题都能通过关注人际关系来解决。

非第二型人怎样增强自己的第二型能量

如果你对第二型的联结没有很强,那么你需要通过以下的方式提升自己的第二型能量:和自己的心中心建立更多的联结,意思是要与更多的人建立更牢固、更紧密的人际关系。不是只关心少数自己亲近的人,而是要发展出一种真正的关爱和慈悲心,以此联结到自己遇到的每一个人。

你可以简单地从对别人的所做、所思、所感表现出兴趣开始。甚至你也可以培养自己对人性本身的好奇心,发自内心地去了解他人,了解他们的生命以及这个生命的一切存在。记住也要照顾好自己。

第三部分：提升情绪健康的路径

第三型心理成长指南

"我达成了令人瞩目的任务和目标。"

我们把到目前为止所有与第三型有关的内容概括如下：

天赋	第三型人的天赋是能够用干劲、才能和组织协调能力，推动事情并达成结果。
基本恐惧	没有价值；抛开外在取得的成就之后，自己一无是处
应对机制	用最便捷高效的方式完成任务、达成目标，以此获取他人的关注
智慧中心	心中心
基本需求	关注
霍尼群组*	进攻组
和谐群组†	理性胜任组
压力点位	第九型（从接纳包容到逃避拒绝）
安全点位	第六型（从深思熟虑到违背自我）
沉默问题	"怎样才能让你注意到我、注意到我在做的事呢？"

*他们会如何满足自己的基本需求
†如果基本需求没有被满足会如何回应

像其他所有类型一样，第三型人的个性也会进一步被本能习性（自我保存本能、社群本能和性本能）所影响，本能习性是独立于其九型类型及所有上述要素之外的存在。

当然，不同情境下第三型人的具体行为和回应取决于他们当下的情绪健康层级。

提升第三型人的情绪健康

现在让我们来看看，对于第三型人而言提升情绪健康层级到底意味着什么。

第三型人在一般的健康层级是非常求胜心切并且讲求权宜之计的。"我想成为赢家，所以在生活的方方面面我都要比别人做得更好。"他们也是个变色龙，为了呈现自己最好的角度、让自己看起来比其他人更好，他们会迅速根据情境的不同改变自己的颜色。

你能够在第三型人的行为中看到：他们努力想要用"进攻（霍尼群组）"的方式来满足自己希望得到他人关注的基本需求；会强调甚至夸大自己取得的成就并以"理性胜任"的回应（和谐群组）继续寻求他人的关注；当看到别人比自己"更好"，他们会从镁光灯下抽离退缩（压力点位）。他们应对变化的方式中显露出他们对于需要被关注的基本需求，面对变化时，他们对其他人的感受和关注不屑一顾。

高情绪健康的第三型人明白自己的价值不仅仅来自于自己取得的外在成就，他们的存在本身和他们的外在成就一样充满价值。他们引领他人，让人放松，为人打气。他们既能够看见他人的付出和价值、与他人分享成功和成果，他们也能看到自己在当中起到的关键作用。

作为第三型人，若想要提升自己的情绪健康层级，你必须学习去探索自己的真我和原色，愿意迈过自己抓住不放的自我形象。你要学着发自内心地认可自己的能力和才干；为了变得越来越真实，你要学着探索自己内在的想法、感受和体验。你必须学着顺应，每件事情有它自己的节奏；请你顺应自己的心流，不要一直做做做，也要能够住手。

具体的行动建议包括但不限于：

- 授权他人做更多的事情，而不是只给他们安排细节的工作。

- 鼓励人们提出反对意见并表达自己的担忧——理解他们对稳定和安全感有需求。不是每个人都能像你喜欢的那样可以轻松做到快速采取行动。

- 注意自己匆匆就想结束讨论的倾向。你拥有的信息真得足够么？你考虑过还有哪些变量么？多问"如果……，会怎么样？"

- 学着区分what you DO和what you ARE之间的差别。

- 请给人类多些时间——他们不是专门搞定事情的机器，他们需要和你有心与心的联结。

- 练习真实。"你还好么？"很多时候就可以成为真诚的问候。

非第三型人怎样增强自己的第三型能量

如果你对第三型没有太多的联结，那么你需要通过以下的方式提升自己的第三型能量：关注目标设定与达成的同时，也要吸引其他人参与其中，带领所有人一起踏上旅程。通过建立人际关系网络，了解如何运用其他人的才干和能力；开始去了解其他人的时候，可能会让你不舒服，但这是构建成就型领导风格很关键的一步。接受外界对你所做及你本人的认可也是很重要的成长领域。

刚开始你可以设定比较小且易达成的目标和时间节点，规划出实现目标最快捷有效的路径。向其他人寻求意见和指导，这也能够增进他们的兴趣和投入度。慢慢扩展到更大的目标和更复杂的任务。自己要承担起达成结果和节点要求的责任。

第三部分：提升情绪健康的路径

第四型心理成长指南

"我寻求独一无二、与众不同。"

我们把到目前为止所有与第四型有关的内容概括如下：

天赋	第四型人的天赋是能够发现并欣赏周围的人、事、物中蕴含的真正的独特与美。
基本恐惧	找不到自己是谁，失去自己的意义
应对机制	在爱情、关系和世界中，找寻理想中的完美
智慧中心	心中心
基本需求	关注
霍尼群组*	退缩组
和谐群组†	情绪/应激组
压力点位	第二型（从深度关怀到令人窒息）
安全点位	第一型（从理想主义到吹毛求疵）
沉默问题	"为什么没有人重视当前情境中的感受和情绪呢？"

*他们会如何满足自己的基本需求
†如果基本需求没有被满足会如何回应

像其他所有类型一样，第四型人的个性也会进一步被本能习性（自我保存本能、社群本能和性本能）所影响，本能习性是独立于其九型类型及所有上述要素之外的存在。

当然，不同情境下第四型人的具体行为和回应取决于他们当下的情绪健康层级。

提升第四型人的情绪健康

现在让我们来看看，对于第四型人而言提升情绪健康层级到底意味着什么。

在情绪健康的一般层级，第四型人容易郁郁寡欢、情绪无常。"我会重放自己过往的负面情绪，一遍遍回到当时的感受。"他们常会觉得自己有很多不足、觉得自己被误解了，他们是喜怒无常、多愁善感的——并且希望其他人都能尊重他们丰富的情感。

你能够在第四型人的行为中看到：他们想要用"抽离"的方式让自己保持神秘，以此来满足自己希望得到他人关注的基本需求（霍尼群组）；如果想要的关注一直没有得到，他们会变得过度表达、情绪化和戏剧化（和谐群组）；在压力点位，为了得到他人的关注，他们变得对人关怀过度甚至令人窒息。他们应对变化的方式中显露出他们对于需要被关注的基本需求，面对变化时，他们变得戏剧化，总是声称自己被人误解了。

相反，高情绪健康层级的第四型人认识到自己本身就是独特非凡的，他们为日常的生活赋予了独特非凡的意义。他们运用很多自己独特的才能与视角，提出独特的观点和创新的做事方法。通过充满创意和支持性的表达方式，他们也帮助其他人更深刻地感受。

作为第四型人，如果想要提升自己的情绪健康层级，你必须学着将自己心的能量和深度的情绪直觉力与客观现实整合在一起，找到思维与心灵之间的平衡。你必须学着即使不与他人比较也可以感受到自己的价值感。还有，你要学着给予他人同等的关注，而不是更多关注自己。

具体的建议包括但不限于：

- 不是只有深度贡献才叫贡献——无论对自己还是对他人都不要用深度贡献去逼迫。

- 掌握详实的信息和硬数据，把它们作为直觉和创新的跳板。

- 要愿意去谈判和学会妥协，不要觉得这样会侵犯你的诚信和正直。

- 学会表达情绪，而不是情绪地表达——把情绪传达出来，而不是把它们宣泄出来。

- 在不知所措时，要学会找到角度帮助自己跳出来，看清情况。

- 不要把每件事都往心里去——每个人都依照自己对生命的领悟在生活。有些事跟你无关。

非第四型人怎样增强自己的第四型能量

如果你对第四型没有太多的的联结,那么你需要通过以下的方式提升自己的第四型能量:体验并欣赏自己的创意和创造力,把它运用在你的日常生活里。你可以先回想然后确认清楚自己有哪些特别之处:(在纸上写出)提出至少20个自己特别的地方,也可以问问其他人的反馈,他们觉得你现在做得不错的地方有哪些(虽然这个问题听起来没什么创意),觉得你给他们带来了哪些影响?

学着珍视你和别人的不同,对与自己不同的观点保持好奇心并探询这些观点背后的美妙之处。去留意身边万事万物的美,仿佛像第一次见到它们一样,真正地欣赏世界的奇妙。

第三部分：提升情绪健康的路径

第五型心理成长指南

"我一直是知识渊博、理性客观的。"

我们把到目前为止所有与第五型有关的内容概括如下：

天赋	第五型人的天赋是能够了解深层的意义和底层的关联，用理性的智慧给出深刻的洞察。
基本恐惧	无法胜任、没有用处、无能
应对机制	搜集和分析信息并以此构建自己的知识体系和核心能力
智慧中心	脑中心
基本需求	安全感
霍尼群组*	退缩组
和谐群组†	理性胜任组
压力点位	第七型（从富有远见到焦点分散）
安全点位	第八型（从赋能授权到高度控制）
沉默问题	"我还需要知道些什么？"

*他们会如何满足自己的基本需求
†如果基本需求没有被满足会如何回应

像其他所有类型一样，第五型人的个性也会进一步被本能习性（自我保存本能、社群本能和性本能）所影响，本能习性是独立于其九型类型及所有上述要素之外的存在。

当然，不同情境下第五型人的具体行为和回应取决于他们当下的情绪健康层级。

提升第五型人的情绪健康

现在让我们来看看，对于第五型人而言提升情绪健康层级到底意味着什么。

一般层级的第五型人往往在某方面会有很强的专攻：为了最大可能变得精通、觉得自己是有能力的，他们会把注意力倾注在极少数的领域。知识为他们带来安全，知道的知识越多，安全感也越大。他们的大脑一直在思考，几乎不会停下来。"我不断在思考其他的观点和可能性。"他们可能是（或者至少看起来是）与其他人抽离的，有时对他人甚至是冷漠或轻蔑的。

你能够在第五型人的行为中看到：他们想要用"抽离"的方式来满足自己希望得到安全感的基本需求（霍尼群组）；如果还是感到不安全，他们会更加深入在数据和信息之中（和谐群组）；在压力点位时，他们会把注意力分散在信息指向的各种可能性里而难以找到其中的关联和本质。他们应对变化的方式中显露出他们对于需要安全感的基本需求，为了能够穿越变化，他们想要知道越来越多的信息。

在高情绪健康层级的第五型人，他们认识到自己拥有足够的知识去参与同世界的互动，他们会和他人分享自己的成长、学习和洞见。他们是充满智慧的、独立自主的、思路清晰的，他们不容易陷入传统的思维方式。他们真正理解了生命的意义，他们会用真诚的连接和深度的参与同其他人一起探询还有哪些可能，如何实现可能。

作为第五型人，若想要提升自己的情绪健康层级，你必须学着把自己在当下的情感也投入进来，而不是为了保持自己"理性有能力"的形象而自动隔离情感。你还需要练习让自己在各种项目、人际交往和组织中成为核心，而不是继续停留在边缘。

在团队中，你常会希望团队高度自治，每个人都高效做好各自的工作。但是，你也要增强自己团队协作的能力，工作真正需要的不仅是高效能的个体，而是一个彼此协同的高效能团队。

具体的建议包括但不限于：

- 在交流时，留意听众是否对你分享的知识感到厌烦或反感。

- 冒险表达你的立场。不要总是小心行事或缩在后面。如果需要，可以要求要有更多的准备时间，让你充分厘清和准备要如何分享自己的观点。

- 仔细倾听——在别人说话的时候，要抑制自己脑袋里的声音。

- 接受工作需要协作——要与一些关键人物保持一致。

- 不要忽视人的因素——人们都是有情绪的,你需要处理好这一点。

- 让别人知道你什么时候对互动和对话是开放的,什么时候是关闭的。尽量逼一逼自己要更开放。

非第五型人怎样增强自己的第五型能量

如果你对第五型的联结没有很强,那么你需要通过以下的方式提升自己的第五型能量:培养自己探究事情底层原理的好奇心。要经常试着问"为什么会这样?"要通过探询更多与主题相关的观点和视角,找到其中的关联、共性的特质和底层的本质。

刚开始,选择一个自己一直很感兴趣的主题,上网找找有没有可以阅读的内容,看看该领域的专家有何观点,有没有什么演讲或PPT可以下载。记住,与别人分享你对这门学科的知识和你正在学习的东西总是很好的。

第三部分：提升情绪健康的路径

第六型心理成长指南

"我越来越有准备了。"

我们把到目前为止所有与第六型有关的内容概括如下：

天赋	第六型人的天赋是能够积极支持并坚定致力于为他人、集体和崇高的事业服务，持续保障他人、集体和事业的安全。
基本恐惧	得不到支持和指引
应对机制	警惕潜在的风险，为最坏的结果做准备，防范世上的危险（包括危险的人）
智慧中心	脑中心
基本需求	安全感
霍尼群组*	责任组
和谐群组†	情绪/应激组
压力点位	第三型（从成就导向到投机主义）
安全点位	第九型（从接纳包容到逃避拒绝）
沉默问题	"我会一直都OK么？"

*他们会如何满足自己的基本需求
†如果基本需求没有被满足会如何回应

像其他所有类型一样，第六型人的个性也会进一步被本能习性（自我保存本能、社群本能和性本能）所影响，本能习性是独立于其九型类型及所有上述要素之外的存在。

当然，不同情境下第六型人的具体行为和回应取决于他们当下的情绪健康层级。

提升第六型人的情绪健康

现在让我们来看看，对于第六型人而言提升情绪健康层级到底意味着什么。

我们知道处于情绪健康一般层级的第六型人往往是焦虑、犹豫不决、充满怀疑的。"我是容易疑心的，会不停质疑造成持续不确定（让我持续不安）的一切。"面对自己所处的情境，他们会努力想要确保所有的选择都有被考虑到，但依旧发现自己无法下定决心、不知作何反应。他们很擅长为当前的情况找理由和辩解。

你能够在第六型人的行为中看到：他们通过做被认为正确或是别人期待他们做到的事情来满足自己希望得到安全感的基本需求（霍尼群组）；当他们觉得自己没有支持或感到不安，他们会变得有情绪化的应激反应（和谐群组）；在压力点位时，他们转变为只想要找到解决方案，却不考虑方案的可行性。他们应对变化的方式中显露出他们对于需要安全感的基本需求，面对变化，他们不断评估实时情况并努力想要找到让自己保持安全的方法。

高情绪健康的第六型人认识到难题和潜在的解决方案总是成对出现，他们会用自己的远见和强大的组织能力达成想要的结果。他们为自己创造了安全和稳定的同时，也给其他人带来安全和稳定。他们富有一种合作精神，这种精神既吸引他人，又能使他人赋能。

作为第六型人，若想要提升自己的情绪健康层级，你需要学着不要让自己的焦虑恐惧和反复无常控制了自己。你需要更多的信任，更多的勇气；你需要更加相信自己，不要被错误的权威所误导。你还要学会坚持，在自己承诺的道路上清晰、坚定地向前迈进。

具体的建议包括但不限于：

- 不要害怕去当坏人——带着觉知去提负面问题，过程中要通过寻找解决方案来帮助和支持他人。
- 对于自己发现的问题，要去寻找解决方案。
- 学会称赞，表达感谢，学着欣赏一切都很顺利的状态。
- 培养自己愿意信任的内在权威或身体本能。
- 练习信任——留意哪些行为和证据能让你信任他人。
- 使用"and"而不是"but"。
- 记住每一次自己虽然感到害怕但还是放手去做的样子。

非第六型人怎样增强自己的第六型能量

如果你对第六型没有太多的联结，那么你需要通过以下的方式提升自己的第六型能量：提高自己的觉察力，发现周围可能出错的地方并同时找出潜在的解决方案——意思是，你不得不问自己哪里可能有问题，这可能会带来什么影响。有意识地思考这些将很大程度上帮助你为潜在发生的更大的问题做好准备，让你能制定出一定的应对计划。

第三部分：提升情绪健康的路径

第七型心理成长指南

"我不断寻找下一个可能。"

我们把到目前为止所有与第七型有关的内容概括如下：

天赋	第七型人的天赋是能够预见可能、赋予愿景并以此激励他人。
基本恐惧	被剥夺并陷入情感的痛苦
应对机制	关注还有哪些选择和机会，计划接下来还能有哪些快乐的体验
智慧中心	脑中心
基本需求	安全感
霍尼群组*	进攻组
和谐群组†	正面积极组
压力点位	第一型（从理想主义到吹毛求疵）
安全点位	第五型（从充满智慧到自我隔离）
沉默问题	"我怎么才能到下一Part/才能离开这儿？"

*他们会如何满足自己的基本需求
†如果基本需求没有被满足会如何回应

像其他所有类型一样，第七型人的个性也会进一步被本能习性（自我保存本能、社群本能和性本能）所影响，本能习性是独立于其九型类型及所有上述要素之外的存在。

当然，不同情境下第七型人的具体行为和回应取决于他们当下的情绪健康层级。

提升第七型人的情绪健康

现在让我们来看看，对于第七型人而言提升情绪健康层级到底意味着什么。

一般层级的第七型人往往是叛逆和玩世不恭的。"我对规则和界限很不屑是因为我不喜欢被限制。"应对难题和处理焦虑时，他们几乎把所有事都变得像在开玩笑。他们也有过动的倾向，容易厌倦单调的任务，总在寻找新的体验。

你能够在第七型人的行为中看到：他们会以十分积极、主动出击的方式来满足自己想要拥有安全感的基本需求（霍尼群组）；哪怕现实情况并非如此，他们也会依然想要保持积极乐观的状态（和谐群组）；在压力点位时，他们转而努力想在自己正经历的混乱中制造出一种井然有序的假象；他们应对变化的方式中显露出他们对于安全感的基本需求，他们会寻找一种方法，然后快速分享给其他人如何做才能摆脱变化然后继续前进。

高情绪健康的第七型人认识到生命中所有的经历，无论是否是正向的，都增加了他们对周围世界的探索和感恩。他们从自己的体验中得到深入、透彻的理解和转化，这使得他们深深地感激自己所拥有的一切。他们为变化赋予富有远见的愿景，激励并吸引着其他的人。

作为第七型人，若想要提升自己的情绪健康层级，你必须学着随时关注自己的思维、情绪和身体。你需要学着连接自己的心中心能量，真正把东西装进心里；更看重质量而不是数量，对他人报以真诚且始终如一的同理心。你必须学着进入内心深处，在那里体验自己的痛苦与快乐，不仅愿意体验喜悦也愿意真正感受难过，允许自己沉浸在其中，这样你才能够发现并感恩从心灵深处升起的满足。

具体的建议包括但不限于：

- 做出承诺，然后践行承诺。能看见希望和机会，也要能看见困难和挑战。

- 把你的愿景分解成可落地的小步骤。

- 学会做出选择，要分享的那个观点是什么，一定要落地的那一个战略是什么，决定要参加的聚会究竟是哪一场。

- 觉察自己合理化、总想把事情小事化了以及自己喜欢辩解的倾向。承担责任和承受责备可不是一回事。

- 倾听并更加留意其他人的感受和情绪。感受和情绪不是暗无天日的无底洞，你不必那么害怕。

- 要有始有终、有头有尾。关于如何组织协调、如何进行优先级排序，可以向他人寻求帮助；运用你的能量、乐观和幽默感来帮助团队团结一致。

非第七型人怎样增强第七型能量

如果你对第七型没有太多的联结，那么你需要通过以下的方式提升自己的第七型能量：尽情体验世界的各种机会与可能性，拥抱所有预料之外的发生，看到这些体验背后的幸福和喜悦。

刚开始，你可以试着用正面积极的"有色眼镜"去探索某个情境或难题，看到其中还有哪些机会和可能性，而不是从开始就盯着其中的麻烦和问题。你可以用自己的知识和经历让人们看见现状中潜在的可能性，然后找到一条人们愿意向前迈进的路径。

寻找参与的机会并尝试新奇的体验，不必抱着更多的目的，单纯就是体验这种体验。感恩尝试新事物带来的兴奋与快乐，也感恩由此带来的成长与学习。

脑心腹三个中心的不平衡运作

本书第一部分介绍了"全人思考"和"临在"的概念，我们描述到通过整合运用脑心腹三个智慧中心能够达到情绪健康的最高层级，在这个层级的人一直都能够活在当下。脑心腹的平衡也带来九种九型类型的平衡：处在情绪健康最高层级的人能够整合运用全部九种类型的天赋。他们不再受其基本九型类型的基本恐惧所影响；他们也不再需要向其基本类型的应对机制来求助。

然而，我们知道达到这种情绪健康状态的人凤毛麟角。随着情绪健康层级不断向下到达大多数人所处的一般层级，我们发现有一个"休克点"会出现在从第3层级降至第4层级的时候。在这个点上，我们三个中心中的一个开始变得"扭曲"，具体是哪一个中心取决于我们的主导九型类型。

我们将这种扭曲现象的出现和存在称为"三个中心的不平衡运作"（图25）。这个扭曲的中心和剩下两个中心当中通常会自行联结运转的那一个形成了一种交互循环，而循环之外的另一个中心则是我们可以信任的，它对于我们重新获得三中心平衡的状态起到重要的作用。在第4层级时，我们通常还会觉察到第三个中心的存在；可到了第5层级，

图 25: 三个中心的不平衡运作

第三部分：提升情绪健康的路径

我们可能无法对第三个中心有任何觉察（接下来我们会分别在每种九型类型的语境里进一步介绍三中心的不平衡运作是怎样的，到那时你就能够更加清晰地理解这些中心之间的相互作用）。

如果我们很不幸掉到了更低的情绪健康层级，从第6层级下降到第7层级时，我们会遇到另一个"休克点"。在这个点上，我们另一个中心也被扭曲了——我们会信任并运用的中心只剩下一个。

理解三个中心的不平衡运作可以让我们洞见到自己提升情绪健康还需要采取哪些发展路径。它提醒我们，提高我们的情绪健康层级不仅仅是一个认知过程，真正的临在需要通过整合运用三个中心才能实现。

现在我们来看看每一种九型类型其中心的不平衡运作是怎样的。有一些分类可以帮助我们更好地了解这种不平衡及其影响。当我们把这三个中心看成行动中心（腹）、感受中心（心）和思维中心（脑）时，将更容易让我们理解。

霍尼群组为我们理解三个中心的不平衡运作并找到对应的发展路径提供了初步的框架，那么，我们将从"进攻"、"退缩"和"责任"这个三元组开始我们后续的论述。

"进攻组"：第八型、第七型和第三型

霍尼群组中的"进攻组"包含第八型、第七型和第三型。他们的相似之处在于：从情绪健康的第3层级降到第4层级时，会形成交互循环的两个中心是思维（脑）中心和行动（腹）中心。其中一个中心会开始变得扭曲，扭曲的程度会随着情绪健康向第6层级移动而继续加大。

第八型

第八型属于行动（腹）中心，当第八型人的健康层级从第3层级移动到第4层级时，第一个被扭曲的中心是思维中心。随着扭曲的出现，他们创建出一个行动-思维的交互循环（图26）。

在情绪健康的第4层级，第八型人更偏爱运用的是"行动中心"，不过他们也会把思维作为"行动"的一部分——行动之前迅速"思考"一下。他们知道需要做什么，并会意识到在行动之前应该先思考，虽然这并不是他们"自然"的倾向。不管用多短的时间去思考自己要如何行动，对他们达成自己想要的结果都会有帮助，因此这么做是值得的。在情绪健康的第5层级，思维中心会更加扭曲，虽然第

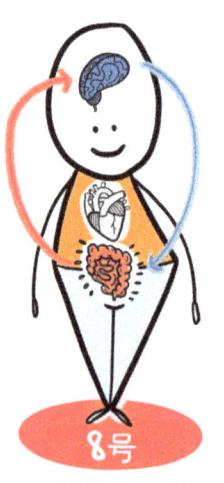

图26: 第八型
行动-思维交互循环

八型人仍然一边思考一边行动，但思考和行动更像是同时发生的。这状态很像一边开车一边换轮胎。他们知道需要做什么——采取行动——然后修理（解决）行动中出现的任何问题。在情绪健康的第6层级，思维中心将会变得更扭曲，在这种状态下，第八型人几乎觉察不到自己和思维中心的联结。第6层级的第八型人首先干（行动）起来，事后才可能会思考——通常是由于开始时没有想清楚，贸然行动造成了麻烦或遇到了难题，这之后思维才出现。

总结一下，在第4层级的第八型人在行动之前会（简短地）思考；在第5层级，他们边思考边行动；在第6级，他们会在行动之后思考。行动-思维交互循环之外的中心，感受（心）中心是自由的，如果第八型人愿意，他们可自由地联结并信任这个中心。对于第八型人的挑战是打开他们的"心"扉——下面给出的发展建议也都是为了实现与心中心的联结。

如果第八型人的情绪健康层级继续从第6层级掉到第7层级，他们的感受中心进而也会变得扭曲，留下两个混乱的交互循环："行动-思维"和"行动-感受"——只有行动中心依然是被信任的。

第七型

第七型属于思维（脑）中心；然而，对于第七型而言，第一个被扭曲的中心是行动中心；被创造出的交互循环是思维-行动循环（图27）。

在情绪健康的第4层级，虽然第七型人强烈地偏好在行动之前先思考，但头脑里众多的想法和点子会吸引着他们快点去践行。他们把"行动"纳为自己思考过程的一部分。他们首先思考自己想要什么并简要地思考需要怎么做才能得到想要的结果（以及是否应该这么做），然后快速把自己一直以来考虑的内容落实为行动。在情绪健康的第5级层级，第七型人的行动中心更加扭曲，因此他们的

图27: 第七型
思维-行动交互循环

思维-行动循环也变得更加同步。为了应对脑袋里（不断出现）的新想法，他们的思考和行动几乎是同步的，根本没有多少时间会用来思考某个想法是否应该付诸行动。在情绪健康的第6层级，随着他们的行动中心变得越发扭曲，第七型人往往会把想与做两步合并成一步，完全不去想自己现在"只要想到就要立刻去做"会带来什么影响并（或）造成什么后果。他们经常会在做某件事情的过程中被蹦出的新想法岔开，很快他们又会把这些新想法落地为行动。所发生的这一

切对第七型人来说非常趣味盎然（但这会让那些和他们共事或接受他们领导的人离开）。

总结一下，在第4层级，第七型人更喜欢在执行每一个想法之前先（简要）思考再行动；在第5层级，为了响应不断出现的新想法，他们的思考和行动是同时发生的；在第6层级，他们的思想和行动之间几乎没有任何"筛选过程"。思维-行动交互循环之外的，感受（心）中心是自由的，如果第七型人愿意，他们可以像第八型人一样自由地联结并信任这个中心。第七型人面临的挑战与第八型人也是相同的——如何与自己的心中心联结。

如果第七型人的情绪健康继续从第6层级下降到第7层级，那么他们也会像第八型人一样与感受中心失联。在这种情况下，思维中心将成为第七型人唯一信任的中心。

第三型

第三型属于感受（心）中心；然而，当第三型人穿过情绪健康的第3到第4层级之间的休克点，他们开始与心中心分离。注意，这与第七型人和第八型人是不同的。在第三型人这里，交互循环不包括他们的主导中心，而是由其他两个中心形成的。在实践中这意味着第三型人会开始把自己的情绪（感受中心）丢到一旁，他们专注于要效率高、效果好，情绪参与进来则会影响他们的表现。另外两个"非主导"中心中，一个是他们很强烈的中心，另一个往往是被扭曲的中心。他们所构建的交互循环要么是思维-行动循环，要么是行动-思维循环（图28），具体是哪一种取决两个中心中哪一个对于他们而言更加强烈。换言之，在情绪健康的第4、第5和第6层级，第三型人的交互循环模式看起来或者有第八型人的行动-思维循环的特征，或者有第七型人的思维-行动循环的特征。与此同时，处在情绪健康一般层级的第三型人他们自己的行为特征也继续会在这两种交互循环中呈现出来。第三型人保留着想要取悦他人的习惯，这与他们主导的感受中心的底层驱动力是一致的——他们渴望得到关注和/或认可。设法重新整合自己的感受中心将有助于第三型人实现这三个中心的平衡。

图28: 第三型
思维-行动或行动-思维交互循环

第三型人经常会谈论到他们的感受如何阻碍了他们的表现以及感受是如何把他们卡住的。在第4层级，他们通常诉诸于这两种模式："表现模式"（Performance mode）和"感受模式"（Feeling mode）。"表现模式"与思维-行动或行动-思维交互循环有关，会使得第三型人行动起来；而"感受模式"是指联结了与自己分离的感受中心，最终卡在了自己的情绪和感受里。

当第三型人的情绪健康从第6层级下降到第7层级，他们就会与被扭曲的中心失联，只剩下最后一个中心（要么是思维中心，要么是行动中心）。

第三部分：提升情绪健康的路径

进攻组的发展活动：联结心（感受）中心

如果你确定自己属于上述三种类型中的一种，那么联结你的心中心将使你能够克服发生在其他两个中心之间的交互循环。以下活动将帮助你走向三个中心的整合——这对提高你的情绪健康层级至关重要。

- 用语言来表达你的感受，从而联结你的心中心。把感受写下来或者和别人聊一聊它们。

- 放慢你的脚步，真正体验你的生活。花时间去关注你的感受。"细嗅蔷薇"，赤脚走在沙滩上，享受你的家庭生活。花些时间去玩乐。

- 通过为别人做点什么来打开你的心扉。做一些你平时不会去做但是会让其他人开心的事情。做得时候不去期待任何回报。留意自己最后的感受如何。

- 你的心灵与哪儿能产生连接，那就去哪儿。可以是和家人一起，可以是与音乐为伴，也可以是加入社工活动或社会福利事业。

- 收听或演奏能唤起你心灵的音乐，注意从中产生的感觉。

- 把感受和表现关联起来，试着去了解深层的情绪是怎样的。

- 做真实的自己，与自己的内心建立联系，对自己的感受和脆弱敞开。

在自我成长的路上，每一种九型类型都可能有一种行为模式成为阻碍他们成长的"卡点"。第八型人可能不喜欢别人建议的成长方式，而是想要按照自己的方式去成长；第七型人可能无法不去想下一件事，而不是专注于手头的事情；第三型人可能会不停地问，"我做得对不对，棒不棒，美不美？"观察自己对上述发展建议的回应或反应并留意哪些建议让你感到最不舒服，这也是一个很好的学习。你的内在小孩跟你说了什么？为什么你无法做到这个建议？

第三部分：提升情绪健康的路径

"退缩组"：第四型、第五型和第九型

霍尼群组中的"退缩组"包括九型中的第四型、第五型和第九型。他们的相似之处在于，当从第3层级移动到第4层级时，形成交互循环的两个中心是思维（脑）中心和感受（心）中心。其中一个中心在此时会变得扭曲，随着情绪健康层级继续下降，该中心的扭曲程度会继续增加。

第四型

第四型属于感受中心。对他们来说，第一个被扭曲的中心是思维中心，而这导致了感受-思维交互循环的产生（图29）。

在情绪健康的第4层级，第四型人更偏好使用感受中心。他们想要深切地去感受，但他们同时也会加入思维中心来增加自己的想象力和创造力。尽管思维中心有某种程度的扭曲，第四型人让它参与到自己的回应中是因为他们明白这样做的好处。在情绪健康的第5层级，思维中心会变得更加扭曲，导致第四型人一边沉浸在自己的感受中，一边又不停地思考。这种强烈的感受-思维循环致使他们的感受的强度不断增加。在情绪健康的第6层级，思维中

图29：第四型
感受-思维交互循环

心会越发被扭曲。第四型人陷在自己的感受中,几乎无法在那个当下分辨任何的思维,唯有事后回想才可能会记起自己当时的想法。在这个层级,他们往往会退缩以保护自己,会活在自己想象的世界里。

总结一下,在第4层级,第四型人被自己的感受中心所牵引,但思维中心会调节他们的回应方式;在第5层级,他们的思维起到的作用相对较小,因为思维随着他们的感受同时发生;在第6层级,他们先有感受,事后才会有思考。感受-思维交互循环之外的中心,行动(腹)中心是自由的,如果第四型人愿意,他们可以自由地联结并信任这个中心。联结这个中心可以帮助他们脱离感受-思维的交互循环,并使他们朝着三个中心更平衡迈进。

如果第四型人的情绪健康从第6层级继续掉到第7层级,他们的行动中心也会变得扭曲,留下两个混乱的交互循环:"感受-思维"和"感受-行动"——只有感受中心依然是被信任的。

第三部分：提升情绪健康的路径

第五型

第五型属于思维中心。对他们来说，第一个被扭曲的中心是感受中心，从而造成了"思维-感受"的交互循环（图30）。

在情绪健康的第4层级，第五型人偏爱在思考的同时也让感受中心参与进来，这会增强他们对思考的热爱。他们对思考的热情促使第五型人不断探询事物运作的底层逻辑以及彼此之间的相互联系。他们乐于向他人展示自己对思考的热爱，同时也允许自己的感受调控自己（可能无休无止）的好奇心。在情绪健康的第5层级，第五型人的感受中心会变得更加扭曲，无法缓和他们对思考、探索新思想和理解事物本质的深度渴望。情

图30: 第五型
思维-感受交互循环

绪（感受）虽然参与了他们的思考，但可能是以较少建设性及更多自我放纵的方式在参与。在情绪健康的第6层级，个人的思维和感受会变得难以区分。他们内心的感受不再是对自己思考的一种调控，而是他们在选择永远深入地关注某一件事之前，把感受中心作为带领自己进入更多探索道路的想象力和好奇心。他们往往会退缩到自己的世界，在那里他们可以不受打扰、继续探索。

总结一下，在第4层级，第五型人是被自己的思维以及自己情感上对思维的依恋所驱动的，但他们的感受也会提供一些调控；在第5层级，他们的感受会变得更加内敛，他们的思维变得更加恣意；到了第6层级，他们的好奇心就会不受约束，四处乱窜。在这整个过程中，第五型人的行动（腹）中心独立在其"思考-感受"的交互循环之外，是可以自由地被联结和信任的。联结行动中心有助于消除感受中心的扭曲，带来脑心腹更大的整体平衡。

如果第五型人的情绪健康从第6层级继续下降到第7层级，与第四型人一样，他们的行动中心也会变得扭曲，留下思维中心成为他们唯一可以信任的中心。

第九型

第九型属于行动中心；然而，当第九型人穿过情绪健康的第3层级和第4层级之间的休克点时，他们开始与行动中心分离。另外两个中心——思维中心和感受中心——其中一个将会是强烈的中心，而另一个则往往是被扭曲的中心。这导致或是思维-感受循环或是感受-思维循环的产生（图31）。换言之，在情绪健康的一般层级（第4、第5或第6层级），第九型人的交互循环看起来要么有第四型人的感受-思维循环的特征，要么有第五型人的思维-感受循环的特征。与此同时，因为有着强烈的内在渴望希望保持自己的自主权，一般层级第九型人的一些典型特质也继续会在他们的交互循环中表现出来。在这两种循环下，行动中心虽然依旧是自由的，但与其他两个中心却失联了。设法重

第三部分：提升情绪健康的路径

新整合行动中心将有助于实现这三个中心的平衡。

第九型人会经常谈论他们感受到与自己内在的分离。这造成了一种焦虑不安的感觉，于是他们努力想要向内退缩到自己的世界并拒绝看见任何会把这种感受变得更糟的情况，希望以此最小化自己内在焦虑不安的感受。在第4层级，他们通常存在两种行为模式："白日梦模式"，与感受-思维或思维-感受交互循环相关；"本能模式"，在这种模式他们联结上被隔离的行动中心。具体处于其中哪一种行为模式决于那个当下他们与哪一个中心的联结最为强烈。

图31: 第九型思维-感受或感受-思维交互循环

如果第九型人的情绪健康继续从第6层级掉到第7层级，他们的"行动中心"就会变得越发被隔离，会完全与之失去联系。造成这种隔离的部分原因是作为一种保护机制使他们远离自己不断升起的愤怒——这种愤怒是腹中心在情绪健康层级较低时会出现的。愤怒的感觉如此强烈，以至于常常会让他们自己感到害怕。

退缩组的发展活动：联结腹（行动）中心

如果你确定自己是上述三种类型中的一种，那么与你的腹中心联结将使你能够克服发生在其他两个中心之间的交互循环。以下活动将帮助你走向三个中心的整合——这对提高你的情绪健康层级来说至关重要。

- 连结你的腹中心能量，一个字，"就是干"！动起来，把要做的事给搞定。清理垃圾，给花园除草，大扫除，清洗车，这些都可以。

- 活动你的身体，感受你的身体。跳舞、散步、打太极、学武术、去上舞蹈课；或者去游泳，感受水与肌肤的互动；或者就是深呼吸。

- 和身体联结。如果你有冥想的习惯，可以试试行禅之类的动态冥想。进行有一定身体活动量的运动。

- 你需要肌肉锻炼，这样的锻炼会帮助你连接到腹中心并且更扎根于大地。

正如前面提到的，在自我成长的道路上，每一种九型类型都可能有一种行为模式成为阻碍他们成长的"卡点"。第五型人可能想要得到更多与上面的建议有关的信息，因为他们自己还没有研究过这个问题。第四型人可能会认为这些建议太"平凡"或"普通"。第九型人可能会犹豫是否要积极参与，因为这"实在太多了，来得太快了"。观察自己对上述发展建议的回应或反应并留意哪些建议让你感到最不舒服，这也是一个很好的学习。你的内在小孩跟你说了什么？为什么你无法做到这个建议？

"责任组"：第一型，第二型和第六型

霍尼群组中的"责任组"包括九型的第一型，第二型和第六型。他们的相似之处在于：穿过情绪健康的第3层级和第4层级之间的第一个休克点，有两个中心会形成一个交互循环，它们是感受（心）中心和行动（腹）中心。同样的，其中一个中心在这个点开始变得扭曲，随着一个人的情绪健康层级进一步下降，扭曲的程度会进一步增加。

第一型

第一型属于行动中心。对他们来说，第一个被扭曲的中心是感受中心，从而形成了"行动-感受"的交互循环（图32）。

在情绪健康的第4层级，第一型人更偏爱在行动的时候让感受中心参与进来帮助自己把事情搞定。通常是他们想把事情做对的强烈激情促使他们要开始行动。在情绪健康的第5层级，感受中心会变得更加扭曲，他们"行动"的同时几乎就会有"感受"，他们对于自己和他人某件事情做得是否足够好会给出严厉的判断。在情绪健康的第6层级，他们只是"行动"，事后才会去"感受"。他们的行动

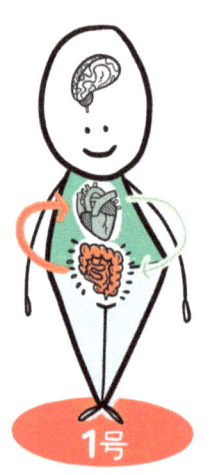

图32: 第一型
行动-感受交互循环

第三部分：提升情绪健康的路径

和感受相互交织、混乱不清，他们会变得十分怨愤、吹毛求疵且固执己见。

总结一下，在第4层级，第一型人用感受来帮助他们把事情搞定；在第5层级，感受造成他们在"行动"的时候变得更加充满评判；在第6层级，感受搅乱了他们判断自己（和其他人）行为的方式。整个过程中，在他们"行动-感受"的交互循环之外的思维中心是自由的。联结思维中心的逻辑、区分和延展可以帮助第一型人跳出这个交互循环，走向三个中心的平衡。

如果第一型人的情绪健康从第6层级下降到第7层级，那么他的思维中心也会关闭。行动（腹）中心成为了唯一被他们信任的中心。

第二型

第二型属于感受中心。对他们来说，第一个被扭曲的中心是"行动"中心，于是创建了一个"感受-行动"的交互循环（图33）。

在情绪健康的第4层级，他们偏爱在感受的时候让行动中心参与进来。他们期待通过行动去取悦他人，想要以此获得他人的青睐和爱；然而，他们的行动中心会对此有所调和，这样他们就不会用自己的"善行"把其他人淹没。在情绪健康的第5层，他们的行动中心更加扭曲。他们感受并且同时会行动。在实际生活中，这意味着他们为别人做事是为了得到别人的爱，爱一个人就意味着要为他/她做些什么。

在情绪健康的第6层级，行动中心会越发扭曲。他们的感受和"行动"已经无法区分；他们通过行动在表达自己的感受。他们忽视自己的需求，把全部精力放在照顾别人上，想以此获得对方的爱；他们感受的扭曲阻止他们看见自己帮助他人的行为有时已经成为了对他人的越界和侵害。

总结一下，在情绪健康的第4层级，第二型人帮助他人的愿望是由他们的感受所激发的，但会受到行动中心的调和；在第5层级，他们认为"行动"是表达情感的最好方式；在第6层级，行动和感受无法区分，这可能导致通过行动"过度"表达爱。与第一型人一样，整个过程中，他们的思维中心是自由的。保

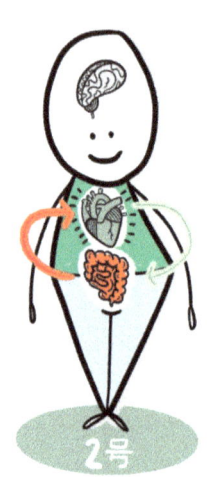

图33: 第二型
感受-行动交互循环

持清晰的思维可以帮助第二型人跳出感受-行动的循环获得更大的平衡。

如果第二型人的情绪健康从第6层级继续下降到第7层级，和行动中心一起，他们的思维中心也会变得扭曲。感受中心成为了唯一被他们信任的中心。

第六型

第六型属于思维中心,但当他们经历情绪健康的第3层级到第4层级之间的休克点时,他们开始与思维中心分离。另外两个中心中的一个对他们来说是强大的,而另一个则倾向于被扭曲。其结果是创建出一个行动-感受或感受-行动的交互循环(图34)。

在情绪健康的一般层级(第4、第5或第6层级),第六型人的交互循环要么看起来有第一型人"行动-感受"循环的特征,要么看起来有第二型人"感受-行动"循环的特征。与此同时,在情绪健康一般层级的第六型人的特征也会呈现在他们的循环中,比如会识别他们所处环境中的风险并想要获得他人的支持。在这两种情况下思维中心虽然仍是自由的,但却与其他两个中心分离。设法重新整合该中心将有助于实现三个中心的平衡。

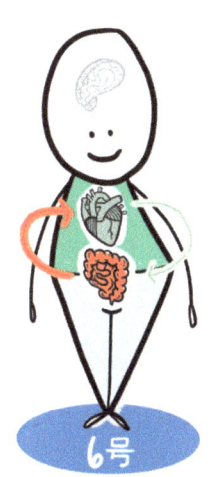

图34: 第六型行动-感受或感受-行动交互循环

第六型人会经常谈论自己的思维不够清晰,以及他们的思维会如何陷入死循环从而产生很多的自我怀疑。在第4层级,他们通常存在两种模式:"责任模式",在这种模式中他们联结到感受-行动或行动-感受的交互循环;"思维模式",在这种模式里他们联结上被隔离的思维中心,并因此产生循环思维。在"责任模式"中，行动和感受中心驱动着他们的行为，我们看到他们行为中想要负责任的特征。

当第六型人的情绪健康层级继续下降时，他们思维中心的隔离也会加剧。如果情绪健康从第6层级下降到第7层级，那么他们的思维中心会变得更加孤立，他们会与思维中心完全失去联系。最后只剩下最初那个很强烈的中心——行动中心或感受中心。

责任组的发展活动：联结脑（思维）中心

如果你确认自己属于上述三种类型中的一种，与你的脑中心联结将使你能够克服发生在其他两个中心之间的交互循环。以下活动将帮助你走向三个中心的整合——这对提高你的情绪健康层级至关重要。

- 使用正念冥想，专注于你的呼吸。注意你的思绪流向何方，把不断飘走的思绪带回当下。

- 当你和别人在一起的时候，观察自己。去留意你对他人有什么评判，也要留意你有没有只顾着跟随他人的观点，而没有再去思考自己的观点是什么。

- 注意你说的话并留意你使用条件词的频率，像"也许"、"某种程度"、"大概"、"很可能"、"看情况"。你能自己做决定吗？

- 为了清晰，请把麻烦和问题讲清楚。

- 简单的锻炼可以让你休息一下,让你的思维中心活跃起来并带来逻辑和清晰。激活你的思维中心通常需要脚踏实地,这可以通过锻炼在我们的身体中实现。

在自我成长的路上,每一种九型类型都可能有一种行为模式成为阻碍他们成长的"卡点"。第一型人可能希望回避讨论这些,因为他们认为自己应该已经有了答案;第二型人可能会觉得自己花时间冥想是自私的;第六型人可能不愿意做出决定,因为他们总能找到一个不去做决定的理由。观察自己对上述发展建议的回应或反应并留意哪些建议让你感到最不舒服,这也是一个很好的学习。你的内在小孩跟你说了什么?为什么你无法做到这个建议?

身体发展的路径
构巩情绪健康之路

在第三部分的开篇我们提到，想要提高我们的情绪健康层级有两种路径：一种是心理成长，一种是身体发展，脑心腹三个中心的不平衡运作则为这两者之间架起了一种关联。我们已经了解了心理成长的方法以及三个中心的不平衡运作是怎样的，现在让我们开始探索身体发展的路径——通过实践积极调动我们的身体，以此帮助我们实现与全部三个中心的联结。

在本节中，我们将介绍一系列身体发展的实践活动，帮助大家最大程度调用自己的感官、情绪、认知、思想和行为。这些实践活动帮助我们更多联结到自己"不擅长"运用的智慧中心，反过来，更多联结上不擅运用的智慧中心也使我们能够创造出新的神经通路和新模式去取代或打破我们旧有的行为模式和反应机制。本节的内容是建筑在第三部分之前的内容（尤其是三个中心的不平衡运作的内容）之上的。关于身体发展的路径，我们将首先给出一些普适性的建议，随后还会针对每一种九型类型提出适合他们身体发展的实践活动。

打破卡住自己的模式

将我们的思想、感受和意识带入"临在的觉知状态"是我们面临的最大挑战之一。维持我们当前思维和行为模式的神经通路很久以前就被建立了——对我们大多数人来说是从童年就开始的。我们被牵引着一直在运用这些模式,并且很难停止做那些自己已经形成惯性的事情(哪怕我们其实并不愿意再去这么做)。当我们意识到想要去改变自己的某些方面,不管这些方面是来自哪一个或是几个中心,我们都需要时间和毅力才能让改变真正发生。

做出改变的第一步是去觉察:当我们某个特定的"触发器"被触发时,我们的想法或感受是怎样的,或者我们想做出什么不同么?这也表明了本书第17页所描述的"内在观察者"为何如此重要。当我们能学会在"神奇的四分之一秒"抓住自己的自动化反应、意识到"既定"模式的启动,我们就能选择另一个更新、更好的想法、感受或行动。当我们这样做时,我们向着自己期待成为的样子开始建立新的神经通路。我们越多地使用这个新神经通路,它就会变得越强;与此同时,我们的旧通路则会变得越弱。

身体实践能够帮助我们将这些新通路牢牢嵌入在自己体内。这些新神经通路为我们身体的动作以及我们的思维与感受之间提供了一种非常强大的联结。了解其中的关联并且践行"全人"倾听对于提升情绪健康层级也都是十分重要的方面。

第三部分：提升情绪健康的路径

"全人思考"

我们已经相当详尽地讨论了三个智慧中心与"全人思考"，鉴于此，有必要在此重申：整合并充分重视三个中心——腹中心、心中心和脑中心——能够增加我们的行为自由度并提升我们的情绪健康。这也为我们提供更多"活在当下"的机会并进一步提升我们"进入状态"或"进入心流"的能力——也就是"临在"的能力。所有这些都是提升情绪健康层级的核心。

有很多身体练习和技巧可以用来提升你自己整合运用自身三个中心的能力，比如冥想、瑜伽、武术、太极、气功等等。东方的传统关注脑心腹三个中心的整合已经超过千年。当然，你也可以做一些简单的事情，比如脱掉鞋子，沿着海滩安静地散步；坐在公园或森林的树下，注意周围的声音；在山顶欣赏令人惊叹的景色；在船边观看海豚的跳跃；与孩子或宠物在阳光下玩耍；躺在草地上，闭上眼睛，留意空气中的气味。所有这些和类似这些的活动都可以增加你三个中心的整合程度。

即使上面所有这些对于你来说都遥不可及，即使海量的工作砸在你的面前让你可以选择活在当下的时间越来越少，你依然可以通过一些可行的方法和练习来增强自己与三个中心的联结。比如，在工作中你可能会注意到自己对一些事情思考过度，有太多的想法或建议需要考虑，或者你在依赖别人给出他们的想法和观点而不是提出你自己的意见，这些迹象统统表明你可能与自己的腹中心失去了联结。有一个很简单的方法可以将你的注意力重新带回身体上来：在椅子上坐直，双脚放在地板上，双手平放在膝盖上，闭上眼睛（或者看着地板并"模糊"你的视线焦点）。把双手在你的膝盖处轻压30秒，以便自己能够感觉到双手的压力。请留意自己的思维是如何移动到压力所在的位置的，也请留意自己的念头有没有因此发生变化。另一个与腹中心保持联结并让大脑安静下来的好方法是有规律的锻炼。每天午餐时间简单地散步15分钟就是个不错的开始。

你可能在工作中发现自己会有的另外两种常见情况是：在会议上对其他人有很多评判，或者很难从别人的表达里弄清楚对方真正的意图是什么——这两种迹象都表明你可能与自己的心中心失去了联结。想要重新联结你的感受和直觉去关怀和同理他人而不是（不动声色地）评判他人，只需要微微前倾地坐在自己椅子的前部，把手肘自然放在桌子上，把手掌放在胸口心脏对应的位置，注视房间里你感觉已经失去联结的那些人。

为了在工作之外保持与心中心的联结，试着创造一些社交机会。如果你能找到自己热衷参与的活动，那么找到自己的社交圈子就容易多了。如果你喜欢户外运动，可以考虑加入徒步俱乐部；如果你喜欢音乐和唱歌，那就加入一个唱诗班吧。

最后，如果你发现自己很难看清或理解某一个情况，又或者你接收到大量的信息或数据却很难分析清楚，你可能已经与自己的思维中心失去了联结。在办公桌前就能补救的一个简单方法是把肘部放在桌子上，用手托着下巴。令人惊讶的是，这个简单的"清理"活动就可以让你清晰自己的想法并提出新颖的洞见。

有趣的是，我们还发现联结到思维中心通常需要首先摆脱大脑的"唠叨"。运用联结其他两个中心的技巧和实践也可以开启我们与思维中心的联结——比如，散散步或是听一首音乐，这样通常会带来平静、放松和清晰的感觉。

当谈到整合你的智慧中心，时间和实践将再次成为你的朋友。不管怎样，刚刚描述的技巧有一个好处，它们基本是可以主动做到的，并不需要启动内在观察者去"捕捉你的自动化反应"。在你每日或每周的例行工作中简单地运用这些练习帮助自己提高与所有三个中心的联结度，久而久之，这将促进三个中心更大的平衡。

拥有明确的发心

当在工作坊中帮助其他人提升自己的情绪健康时，我们（笔者）经常会问这样一个问题："你希望成为怎样的人或你希望别人怎么看你？"对这个问题的回答里常会出现"自信的"、"鼓舞人心的"或"有吸引力的"，这些词语就可能完全改变我们对外呈现的样子以及与他人合作的方式。

问这个问题的目的是为了引入"发心"的概念。有一个明确的发心是一种内在状态——发源自我们内在真正承诺并真挚认同的一种状态。拥有明确的发心的关键在于你要知道你想成为什么样的人，或者你不想成为别人眼中什么样的人。发心是建立一个明确的品质或行事方式，进而发展出与该品质或行事方式一致的适当行动。

举个例子，如果我们正在共同引导一个研讨会，在开始之前，我们通常会私下里共同确立这样一个发心——"亲密无间"。我们不会与研讨会的参与者公开交流这一发心，但经常有人在当天会主动来找我们，未经任何提示而向我们表达"你们俩的配合怎么这么亲密无间啊！"——用的正是这个词。当我们共同确立的发心是"同心协力"时，同样的情况也经常发生。

在更大的范畴，正是这种发心让我们的组织年复一年地走上正轨。当我们建立Global Leadership Foundation时，我们的发心有三个方面：自我实现、同心协力和社群管家（包括环境、社会、本土和全球）。这一发心一直指导着我们的决策，并带给我们一系列的机会让我们不断成为自己希望成为的组织。

向你的生活引入发心的概念并不难，从一些简单而有效的方法就可以开始。

在开始的时候，最好的方式是每天早上陈述你今天的发心。你可以选择一个或几个词（通常不超过三个）来描述你今天想要成为的样子。你可以问自己一些有目的性的问题来激励自己，比如："我今天想怎么和别人交流？"、"今天遇到新朋友时，我想成为什么样的人？"或"我今天想以怎样的状态参加会议？"在回答这类问题时，"自信"、"鼓舞人心"、"迷人"、"放松"或"有联结"等词经常出现。

如果你的一天是在办公室里度过的，也许你需要写一份报告，那么你的发心可能是"专注"、"冷静"和"清晰"。

当然，所有这些词都只是建议，在下一节中，我们将对应每种九型人格类型给出一些建议。陈述你的发心的窍门是保持简短：最好是一到三个词。同时，确保你选择的词语有"真实"的含义，与你想要成为的样子以及别人从你身上能感受到的状态有关，与你想要做什么事情无关——这之间可是有很大差别的。

当发出你的发心时，必须用语言表达出来。你的发心必须"离开你的头脑"。一个好办法是告诉别人：你的伴侣或一个值得信任的同事（最理想的情况是你们能分享彼此的发心）。如果你不能和别人分享你的发心，那么给自己发个语音邮件；或者就是大声说出来，猫儿和狗儿也能成为你很好的倾听者。其他的策略还有：把你的发心写在任何一张纸上或者写在日记里。坚持写日记是不时追踪自己发心的一个好方法。

不必过于频繁积极地回顾你的发心,这一点对于许多固守"你不能衡量它,你就无法管理它"这种信条的人来说可能很难理解。发出发心的重点不是在一天中不断地提醒自己,也不是在一天结束的时候机械地回顾它成功与否。它会让你呈现出你想成为的样子,而你也总能知道自己的发心是否奏效。你可以从他人身上寻找到迹象:朋友或同事眼中流露出的情感,团队中新迸发的激情,或完成报告的时间变得更短。

就像学习运用选择之线一样,所有这些都需要时间和实践,最重要的是坚持下去。不要期待立竿见影,也不要期待一定会有具体的结果——发心并不是"只要我足够自信,我就能拿下订单"。更准确地说,养成每天发出你的发心的习惯,随着时间的推移,你会开始注意到它带来的效果。

我们也期望通过用我们的身体去呈现"我们想要成为怎样的人"来将发心提升到一个新的层次——"把发心置于自己的身体体验里"。

先用一个故事来说明我们想表达的意思。想象你要去参加一个特别的晚宴,你为此还特地买了一套新衣服。当天晚上,你穿上衣服看着镜子里的自己,情不自禁道:"哇偶!你看起来真像个百万富翁。"你站立的方式,你走路的样子,你的面部表情会发生什么变化吗?很可能你会站得笔直,你走路的样子充满自信,你容光焕发。晚上,人们会评价你看起来很棒很自信。这不仅仅是关于你的新衣服,而是关于你的整个生命,你的感觉——在这个例子中主要是自信——从你身体呈现的状态中自然就传递了出来。

发心的融入增加了我们新神经通路的力量——它有助于提升我们创造的品质。挑战在于，如何明确你想要的那种品质在自己的整个身体里是怎样的感受，以及如何再次创造那种感受。

不得不说，对一些人来说，表达他们的发心是困难的。我们中的许多人在最初的阶段需要支持或指导，需要人们帮助我们确认清楚正确的词语来表达我们的发心并通过身体具化我们的发心感受起来是怎样的，或是帮助我们更多看到自己在提升情绪健康方面取得的成功而不是更多看到获得多少"有形的结果产出"。

适合每种九型类型的具体身体实践建议

如我们所说，想要清楚的认识和区分脑心腹三个中心并能够有效整合运用它们是需要时间和实践的。下面的指南将给每一种九型人格类型推荐适合的身体练习，帮助理解并找到自己发心的关键词，以此帮助你从情绪健康水平的第5层级或第4层级来到第3层级。在通读这些指南时，你可以参考139到174页之间相关类型的概览表。

第三部分：提升情绪健康的路径

第八型的身体发展指南

与感受中心联结是第八型人发展的关键。回想一下，三个中心的不平衡运作表明第八型人会陷入一个行动-思维的交互循环，打破这个循环需要他们联结到感受中心；而保持与感受中心的联结也是防止相互作用的循环再次发生的一种方法。当他们的感受中心被激活时，第八型人也能够全然地启用自己的思维中心，并通过有觉知的行动展现出所有的天赋。

第一步，花点时间和你爱的人或事联结，然后感受这种联结。注意你的感受，让它渗透到你的全身。经常把一只手张开放在自己的心口可以增强这种联结，很多人在他们的交流中很自然就会这么做，这是一种很容易操作的方法。与你的感受和内心保持联结，注意它对你现在感知周围事物所产生的影响。第八型人知道当他们移动到第二型的安全点位时是什么感受，这通常是在于忆起那些具体的感受，并看看自己如何能再次创造出那种感受。

平衡呼吸是一种快速平衡自主神经系统的方法（负责无意识地控制身体功能，如呼吸、心跳和消化过程），它也将帮助你联结你的三个中心。平衡呼吸是通过缓慢地吸气6秒，然后呼气6秒来实现的，重复至少3分钟。如果你刚经历了一段起伏，则可能需要6到9分钟。

第八型人也容易对情境做出应激反应，所以在你说任何话之前，简单地深吸一口气，深呼一口气，或者在做出反应之前，数数到10，这些都会有很大的帮助。

去做些没有那么强烈或不需要太多掌控的练习也很不错。例如，试着"不带预设的倾听"，你专注地听别人对你说了什么而不要带着假设去预判他们要说什么——就像你们第一次认识时那样。还有一个有效的练习是"允许"，你看着（而不是控制）其他参与者展开一系列的行动，而不是亲自介入。允许其他人来掌控局势，你可以选择使用温和的教练式提问来参与其中。千万要控制住自己，一定不要自己冲上去接管！

有了感受中心的联结，第八型人就会发现很容易拥有思维中心未被扭曲的清晰感。

对每个人来说，把自我照顾好都很重要。确保你拥有有益的睡眠和营养，并且保持有规律的运动。

第八型人明确自己的发心

在养成有明确发心的习惯时，以下是一些可以增强第八型人情绪健康的指导词：全然接纳，导师，赋能授权，企业家精神，克服困难，允许。

第三部分：提升情绪健康的路径

第九型的身体发展指南

联结到行动中心是第九型人发展的关键。三个中心的不平衡运作表明，当他们与所在的行动中心失联时，第九型人会陷入感受-思维或思维-感受的交互循环。很讽刺的一点是：若要打破任何一个交互循环恰恰需要他们联结到自己的行动中心；而保持与行动中心的联结也是防止交互循环重复的一种方法。当他们的行动中心被激活时，第九型人也能够全然地启用自己的思维和感受中心并展现出所有的天赋。

平衡呼吸是一种快速平衡自主神经系统的方法（负责无意识地控制身体功能，如呼吸、心跳和消化过程），它也将帮助你联结你的三个中心。平衡呼吸是通过缓慢地吸气6秒，然后呼气6秒来实现的，重复至少3分钟。如果你刚经历了一段起伏，则可能需要6到9分钟。

身体运动是第九型人联结行动中心的最佳方式。这会帮助他们变得更接地气，他们谈到自己在这样的状态里会感受到更完整、更有联结。快走至少20分钟就会发生这样的改变。只要有时间，你可以爬楼梯而不是乘电梯或自动扶梯（例如去开会），你在工作中很容易就能做到这些。如骑自行车、健身、有氧运动等其他规律的运动也都会有所帮助。重要的是要注意到这些活动的影响以及它们对你变得更"完整"的作用。

避免"急于融入"的倾向。在一开始就提出你的建议，提出你认为的替代方案。注意这样做你的感觉如何，内在发生了什么。如果你能联结到自己的行动中心,这一切都会变得更容易。

随着与行动中心的联结,第九型人会发现很容易获得清晰的思维中心和/或充满激情的感受中心(取决于他们偏爱的中心是思维中心还是感受中心)。

对每个人来说,把自我照顾好都很重要。确保你拥有有益的睡眠和营养,并且保持有规律的运动。

第九型明确自己的发心

为了养成有明确发心的习惯,以下是一些可以增强第九型人情绪健康的指导词:坚定不移、平和顺应、和谐、耐心、接纳包容、主动协调。

第三部分：提升情绪健康的路径

第一型的身体发展指南

联结到思维中心是第一型人发展的关键。三个中心的不平衡运作表明，第一型人可能陷入行动-感受的交互循环，打破这个循环需要他们联结到思维中心；而保持与思维中心的联结也是防止交互循环重复的一种方法。当他们的思维中心被激活时，第一型人也能够全然地启用自己的感受中心，并通过有觉知的行动展现出所有的天赋。

平衡呼吸是一种快速平衡自主神经系统的方法（负责无意识地控制身体功能，如呼吸、心跳和消化过程），它也将帮助你联结你的三个中心。平衡呼吸是通过缓慢地吸气6秒，然后呼气6秒来实现的，重复至少3分钟，6到9分钟则能带来更好的效果。

在大自然中散步可以有助于你思考并让你的思维更清晰。选择即兴和不规则的自由舞步，而不是结构化且指令明确的舞蹈；骑自行车（尤其）好像能让第一型人思路清楚。

联结到思维中心有时可以很简单，比如用手抱住头，或是双手撑住脑袋休息一下，抑或只是把你的手放在头上。注意自己是否已经无意识地做了这些或类似的事情，这都是很好的觉察练习。试着用这些实践活动带动你有觉知地思考。

创造随心而动的机会、享受生活的乐趣也能帮助第一型人联结到思维中心。有些第一型人发现，安排一场头和尾认真规划的假期（确定好去程的机票和住宿以及返程的机票）会让他们在到达以后至离开以前的这段时间更加自由自在，乐在其中。

园艺也是一种很好的接受顺流的方法，接受来自自然创造的完美而非人工的刻意雕琢。充分利用环境，调动所有的感官——味觉、声音、嗅觉、触觉和视觉——以及你的感知。

有了思维中心的联结，第一型人就很容易接触到感受中心那未被扭曲的激情。

对每个人来说，把自我照顾好都很重要。确保你拥有有益的睡眠和营养，并且保持有规律的运动。

第一型明确自己的发心

在建立明确发心的习惯时，以下是一些可以增强第一型人情绪健康的指导词：内外一致、中正、慧眼如炬、良知光明、有道德、有原则。

第三部分：提升情绪健康的路径

第二型的身体发展指南

联结到思维中心是第二型人的发展关键。三个中心的不平衡运作表明，第二型人会陷入一个感受-行动的交互循环。打破这个循环需要他们联结到思维中心，他们需要三思而后行；而保持与思维中心的联结也是防止交互循环重复的一种方法。当他们的思维中心被激活时，第二型人也能够全然地启用自己的行动中心，并通过有觉知的行动展现出所有的天赋。

平衡呼吸是一种快速平衡自主神经系统的方法（负责无意识地控制身体功能，如呼吸、心跳和消化过程），它也将帮助你联结你的三个中心。平衡呼吸是通过缓慢地吸气6秒，然后呼气6秒来实现的，重复至少3分钟，6到9分钟则能带来更好的效果。

独自在大自然中散步，尤其是骑自行车，可以帮助第二型人理清思路，让思维更加清晰。

联结到思维中心有时可以很简单，比如用手抱住头，或是双手撑住脑袋休息一下，抑或只是把你的手放在头上。注意自己是否已经无意识地做了这些或类似的事情，这都是很好的觉察练习。试着用这些实践活动带动你有觉知地思考。

腾出时间进行个人静修、让自己恢复精力对第二型人来说也很重要。这一切都是为独处腾出时间，最好是独自去静修而不是和别人一起去。一群人在一起的时候，第二型人可能会忙于照顾除了自己之外的每一个人。

园艺是第二型人专注于当下的好方法。充分利用环境,调动所有的感官——味觉、听觉、嗅觉、触觉和视觉——以及你的感知。

有了思维中心的联结,第二型人就很容易获得行动中心未被扭曲的驱动力。

对每个人来说,把自我照顾好都很重要。确保你拥有有益的睡眠和营养,并且保持有规律的运动。

第二型明确自己的发心

在建立明确发心的习惯时,以下是一些可以增强第二型人情绪健康的指导词:心怀敬意、深度关怀、充满感知、呵护支持、慷慨大方、服务他人。

第三部分：提升情绪健康的路径

第三型的身体发展指南

联结到感受中心是第三型人发展的关键。三个中心的不平衡运作表明，当第三型人与他们所属的感受中心分离时，他们会陷入思维-行动或行动-思维的交互循环。具有讽刺意味的是，打破其中任何一个循环恰恰需要他们联结到自己的感受中心；而保持与感受中心的联结也是防止交互循环重复的一种方法。当他们的感受中心被激活时，第三型人能够全然地启用思维或行动中心并通过有觉知的行动展现出所有的天赋。

第一步，花点时间和你爱的人或事建立联结，然后感受这种联结。注意你的感觉，让它渗透到你的全身。经常把一只手张开放在自己的心口可以增强这种联结，很多人在他们的交流中很自然就会这么做，这是一种很容易操作的方法。与你的感受和内心保持联结，注意它对你现在如何感知周围发生的事情所产生的影响。想想你在过去哪个时候有过这种感受，回想身体当时的感受，看看你如何能再次创造它。

平衡呼吸是一种快速平衡自主神经系统的方法（负责无意识地控制身体功能，如呼吸、心跳和消化过程），它也将帮助你联结你的三个中心。平衡呼吸是通过缓慢地吸气6秒钟，然后呼气6秒钟，重复至少3分钟来实现的，6到9分钟则能带来更好的效果。

从外在的Doing走向内在的Being是一件好事，感恩你与周围的人之间的关系以及他们对你的爱。他们爱的是你这个人，而不是你有什么地位或是做到了什么。追求谦逊和仁慈，不求取任何回报。

随着与感受中心的联结，第三型人会发现很容易获得行动中心不受扭曲的驱动力和/或思维中心的清晰度。

对每个人来说，把自我照顾好都很重要。确保你拥有有益的睡眠和营养，并且保持有规律的运动。

第三型明确自己的发心

为了养成有明确发心的习惯，以下是一些可以增强第三型人情绪健康的指导词：谦和、令人钦佩、自我认可、引领他人、楷模、不断进取。

第三部分：提升情绪健康的路径

第四型的身体发展指南

联结到行动中心是第四型人发展的关键。三个中心的不平衡运作表明，第四型人会陷入感受-思维的交互循环。打破这个循环需要它们联结到行动中心，而保持与行动中心的联结也是防止交互循环重复的一种方法。当他们的行动中心被激活时，第四型人也能够全然地启用自己的思维中心，并通过有觉知的行动展现出所有的天赋。

身体运动使第四型人更接地气，这带来了与行动中心的联结。快走或其他简单的体力活动是达到这一目的的好方法。如果你在办公室工作，试着爬楼梯而不是乘电梯去开会。当你脚踏实地的时候，注意这对你理清思路的影响。

另一种方法是听一些积极向上、能让你充能并且身体也想跟着扭动的音乐。就如同唱一首自己喜欢的歌一样，活力四射的舞蹈是一种很好的与身体联结的方式。注意当你联结到你的身体时的感觉，留意如何在日常生活中再次创造这种感觉。问问自己，哪些活动能用来重新带来这种感觉呢？

平衡呼吸是一种快速平衡自主神经系统的方法（负责无意识地控制身体功能，如呼吸、心跳和消化过程），它也将帮助你联结你的三个中心。平衡呼吸是通过缓慢地吸气6秒钟，然后呼气6秒钟，重复至少3分钟来实现的，6到9分钟则能带来更好的效果。

随着与行动中心的联结，第四型人现在发现很容易获得思维中心不失真的清晰感。

对每个人来说，把自我照顾好都很重要。确保你拥有有益的睡眠和营养，并且保持有规律的运动。

第四型明确自己的发心

在培养有明确发心的习惯时，以下是一些可以增强第四型人情绪健康的指导词：真、独具一格、发现美、展现自我、艺术气质、感觉敏感。

第三部分：提升情绪健康的路径

第五型的身体发展指南

联结到行动中心是第五型人发展的关键。三个中心的不平衡运作表明第五型人会陷入思维-感受的交互循环。打破这个循环需要他们联结到行动中心，而保持与行动中心的联结也是防止交互循环重复的一种方法。当他们的行动中心被激活时，第五型人也能够全然地启用自己的感受中心，并通过有觉知的行动展现出所有的天赋。

平衡呼吸是一种快速平衡自主神经系统的方法（负责无意识地控制身体功能，如呼吸、心跳和消化过程），它也将帮助你联结你的三个中心。平衡呼吸是通过缓慢地吸气6秒钟，然后呼气6秒钟，重复至少3分钟来实现的，6到9分钟则能带来更好的效果。

身体运动使第五型人更接地气，这也带来与行动中心的联结。一次不少于20分钟的快走就能达到这个效果，还有一个好方法是爬楼梯而不是乘电梯。当然，骑自行车、去健身房锻炼、有氧运动甚至是唱歌也可以。注意这些活动对你的影响。让身体运动起来会为行动创造更多的能量。

另一种方法是听一些积极向上、能让你充能并且身体也想跟着扭动的音乐。如同唱一首喜欢的歌一样，活力四射的舞蹈也是一种很好的与身体联结的方式。注意当你联结到你的身体时的感觉，留意如何在日常生活中再次创造这种感觉。问问自己，哪些活动能用来重新带来这种感觉呢？

随着与行动中心的联结，第五型人会发现很容易通往感受中心那未被扭曲的激情。

对每个人来说，把自我照顾好都很重要。确保你拥有有益的睡眠和营养，并且保持有规律的运动。

第五型明确自己的发心

在养成有明确发心的习惯时，以下是一些可以增强第五型人情绪健康的指导词：觉、天才横溢、充满好奇、富有洞见、善于创造、深入探究。

第三部分：提升情绪健康的路径

第六型的身体发展指南

联结到思维中心是第六型人发展的关键。三个中心的不平衡运作表明，当第六型人与他们所属的思维中心分离时，他们会陷入感受-行动或者行动-感受的交互循环中。具有讽刺意味的是，打破任何一个循环都需要他们联结到思维中心，而保持与思维中心的联结也是防止交互循环重复的一种方法。当他们的思维中心被激活时，第六型人也能够全然地启用自己的感受中心或行动中心，并通过有觉知的行动展现出所有的天赋。

平衡呼吸是一种快速平衡自主神经系统的方法（负责无意识地控制身体功能，如呼吸、心跳和消化过程），它也将帮助你联结你的三个中心。平衡呼吸是通过缓慢地吸气6秒钟，然后呼气6秒钟，重复至少3分钟来实现的，6到9分钟则能带来更好的效果。

在大自然中散步可以帮助这第六型人理清思路，让他们的思维更加清晰。有时候，站起来拿杯水或是走去冰箱那里，这些都可以为他们带来想要的"清醒时刻"。

联结到思维中心有时可以很简单，比如用手抱住头，或是双手撑住脑袋休息一下，抑或只是把你的手放在头上。注意自己是否已经无意识地做了这些或类似的事情，这都是很好的觉察练习。试着用这些实践活动带动你有觉知地思考。

回想一次自己思维清晰且简明的时候。当时或者之前你在做什么？你怎样才能再次创造这样的时刻呢？通过回忆过去并重复过去的做法来帮助我们不失是一种好方法。

随着与思维中心的联结，第六型人会发现很容易获得行动中心不受扭曲的驱动力和/或感受中心的激情。

对每个人来说，把自我照顾好都很重要。确保你拥有有益的睡眠和营养，并且保持有规律的运动。

第六型明确自己的发心

为了养成有明确发心的习惯，以下是一些可以增强第六型人情绪健康的指导词：机警敏锐、自力更生、同心同责、坚忍、难题终结者、乐于合作。

第三部分：提升情绪健康的路径

第七型的身体发展指南

联结到感受中心是第七型人发展的关键。三个中心的不平衡运作表明第七型人会陷入一个思维-行动的交互循环，打破这个循环需要他们联结到感受中心，而保持与感受中心的联结也是防止交互循环再次发生的一种方法。当他们的感受中心被激活时，第七型人也能够全然地启用自己的行动中心，并通过有觉知的行动展现出所有的天赋。

第一步，花点时间和你爱的人或事建立联结，并且感受这种联结。注意你的感觉，让它渗透到你的全身。经常把一只手张开放在自己的心口可以增强这种联结，很多人在他们的交流中很自然就会这么做，这是一种很容易操作的方法。与你的感受和内心保持联结，注意它对你现在如何感知周围发生的事情所带来的作用。

平衡呼吸是一种快速平衡自主神经系统的方法（负责无意识地控制身体功能，如呼吸、心跳和消化过程），它也将帮助你联结你的三个中心。平衡呼吸是通过缓慢地吸气6秒钟，然后呼气6秒钟，重复至少3分钟来实现的，6到9分钟则能带来更好的效果。

聆听充满心区能量的音乐，并把你的心和充满爱与激情的音乐及歌词联结在一起。与亲密伴侣共舞也能让你联结到自己的内心，尤其是当你完全沉浸在当下的那种感觉和体验的时候。和其他人一起跳结构化需要步调一致的舞蹈也会带来很多帮助。

静坐冥想前，试着让自己通过散步先让大脑平静下来并联结到自己的内心。练习快速联结自己的内在，这样你就能在需要的时候回忆起来。

有了与感受中心的联结，第七型人会发现很容易获得行动中心不被扭曲的驱动力。

对每个人来说，把自我照顾好都很重要。确保你拥有有益的睡眠和营养，并且保持有规律的运动。

第七型明确自己的发心

为了养成有明确发心的习惯，以下是一些可以提升第七型人情绪健康的指导词：喜乐、热情洋溢、鼓舞人心、技艺高超、多才多艺、整合。

后记

我们早期的一位老师Robert Flynn鼓励我们要不断地进行对自我的探索。当我们运用九型智慧自我觉察的时候，他经常会挑战我们说："如果你不是这样的，那你究竟是怎样的呢？"

诚挚地邀请你和我们一起踏上这段旅程，去更深入地探索自我意识，更深刻地理解我们的行为以及行为带来的影响，去获得更多的"临在"体验。我们相信你会享受这本书以及书中丰富的内容，它将持续帮助和激励着你走在成长的道路上，不断拥有更高情绪健康的生命状态。

除此之外，我们鼓励你探寻如何帮助你身边的人以及你所在或所合作的组织进一步提高情绪健康层级，由此让他们也能够带来更多积极正向的影响。

为了让我们的地球成为一个更高情绪健康的世界，你还能做些什么？

参考文献和扩展阅读

我们最早是从Center for Creative Leadership（www.ccl.org）的研究中接触到"横向领导力"和"纵向领导力"的概念的。

现代神经科学关于腹心脑的更多信息，请参见Grant Soosalu和Marvin Oka的著作《mBraining – Using your multiple brains to do cool stuff》或点击www.mbrain.com，也可以点击www.antoniodamasio.com了解Antonio Dimasio的研究成果。

我们所运用的情绪健康层级模型改编自Don Riso和Russ Hudson在九型人格领域的开创性研究以及他们提出的"发展的九个层级模型"。相关内容请参见www.enneagraminstitute.com。

通过我们《情绪健康的领导者》一书，我们有机会接触了三位"高情绪健康"的领导者，了解到他们如何建筑并增强自己的情绪健康。对于如何通过正知的选择与正念的行动来提升情绪健康，他们也提出了非常实用的建议。

欲了解更多关于九种人格类型的动态变化及27个副型的相关知识，请参阅《整合的九型人格：提高自我意识的27种途径》 作者： Beatrice Chestnut。

我们经常会参考的其他书目还包括：

- 《九型人格的智慧》，作者Don Riso and Russ Hudson
- 《理解九型人格》，作者Don Riso and Russ Hudson
- 《九型人格精要》，作者David Daniels and Virginia Price
- 《九型人格发展指南》，作者Ginger Lapid Bogda
- 《人格类型的艺术》，作者Ginger Lapid Bogda
- 《整合的九型人格》，作者Bea Chestnut
- 《九型人格》，作者Richard Rohr and Andrea Ebert
- 《恋爱与职场中的九型人格》，作者Helen Palmer
- 《了解我了解他们：通过九型人格了解你的父母》，作者Tracy Tresidder, Margaret Loftus and Jacqui Pollock
- 《灵性层面的九型人格》，作者Sandra Maitri

作者介绍

作为Global Leadership Foundation的共同创建者，Malcolm Lazenby和Gayle Hardie致力于为人们的生活及所在的商业组织和社区带来积极的改变，他们的足迹遍及澳大利亚本土及全球各地。

Malcolm和Gayle带着他们的热忱，在领导力的开发与进化，情绪健康与调适性领导力，战略规划和执行，组织和文化变革，董事会和高管的指导和教练等领域拥有超过35年的丰富经验并得到高度的专业认可。

Malcolm和Gayle对于提升领导者情绪健康的研究及实践，以及将"九型智慧/九型人格"（九种基本人格类型及其相互关系的研究）转化为实际和可操作的商业应用被全球公认为是兼具创新型和突破性的实践。

Malcolm拥有教育学士学位和人力资源管理硕士学位。在服务行业担任高阶领导者和高级管理者的经历极大增强了他的领导和管理能力，在领导力开发、组织转型、情商开发等方面他也有着丰富的顾问经验。

Malcolm在澳大利亚商业领域中应用情商测评的研究和实践处于业界公认的领先地位，相关研究者们（尤其是美国的学术界）就他提出的评估方法论一直与他保持着交流和联系。

Gayle拥有人际关系和组织行为学学士学位和文学硕士学位（辅修心理学）。她在公共组织和私营组织的组织发展与变革，社群领导力提升等方面拥有极强的影响力。

他们还拥有其他诸多成就，Gayle是Leadership Victoria的董事和前董事会成员，是澳大利亚商业及专业女性领导力奖的获得者。

中文版译者：仇宇鹏

仇宇鹏，Global Leadership Foundation顾问，领导力和组织发展教练，九型智慧的践行者和传播者。跟随Gayle和Malcolm系统学习情绪健康理论并不断探索九型智慧在个人成长及商业领域的应用。

秉持"我即我们"的理念，宇鹏与搭档牛冬女士在中国创立了全人领导力中心，通过支持、吸引、带动更多的个体、组织和社群共创意义非凡的领导力升级之旅，提升地球的情绪健康层级。

收益服务于更高的使命

Global Leadership Foundation在其地球管家的价值观指引下,以身作则,以志愿者、引导师、指导者和慈善者等身份支持了大量的社区项目和非营利组织。

Global Leadership Foundation也与Australian Communities Foundation一起,共同建立了一个免税基金支持社群领导者们的发展和成长。Global Leadership Foundation每年都会将服务企业获得的利润中的部分投入该基金。

Global Leadership Foundation九型卡牌

有很多工具可以帮助深入探索你是谁、喜欢什么以及与他人及周围的世界进行互动的方式是怎样的。全球领导力基金会九型卡牌为你提供了一个机会，让你可以用更加细化的方式去探索自己身上九种人格类型的联结程度究竟如何。它们描述了每种类型在不同的情绪健康层级下更偏向运用怎样的行为模式和参与方式。这些卡片对情绪健康光影连续体的阐述语句与本书所提供的一致。在你自我探索的路上，这些卡牌为你提供了另一种方法去发现哪些类型"最像你"。

全球领导基金会九型卡牌可以从我们的网上商店购买：

www.globalleadershipfoundation.com/store

此外，我们还提供帮助大家进行分类的地图和说明书。如果你是九型人格的初学者，我们强烈推荐你购买包含说明书在内的完整套装。

关于封面

"如你,如是"

运用丙烯酸在画布上创作而成,尺寸为60x40cm
作者:*Patrice Muthaymiles Mahoney, 2019*

  当沿着不同的人生道路前行时,我们不仅会遇到职业上的挑战,还会遇到其他方方面面的挑战。

  这幅画的创作承载着我对于人生的思考:人生会如何过,为何这样过,在哪里过,以及人生原本的样子究竟是怎样的。平静的蓝色线条代表着我们每个人的生命是流动的,我们的生命旅程一路伴随着坚定、自信、奋斗与明晰,同时也面临许许多多的挑战与压力。

  围绕着生命旅程周围的这些点代表着我们在自己所选择的道路上做出的所有决定。

  蓝灰色的圆环是你在生命中所得到的支持:老师、家人、爱人或一路支持你的灵性伙伴。你叙写了自己的人生——没有人能理解你在旅程中遇到的所有挑战,理解你如何领导了自己的人生。

  蓝灰色线条内的圆点是我们所获得的所有支持背后的支持。我们常常会忘记来自于父母、父母的父母以及千年来先辈们的血脉一直与我们相连在一起。今天的我们,背后有祖祖辈辈的庇佑;那些支持着我们的人们,他们的背后也有他们祖先的佑护。

图中的黄色圆圈是我们的生命中不管是独自一人、出于某种目的还是与他人一起所经历、成长并穿越过的不同阶段。

所有这些元素、选择和发心，共同谱写了我们的领导力之路。

不忘初心、喜乐地活出自己想要的人生，是我们不断在路上追寻的最强大的领导力。

Reprint: 1.5/05-20

www.ingramcontent.com/pod-product-compliance
Lightning Source LLC
Chambersburg PA
CBHW051535010526
44107CB00064B/2738